HAYATIMIN DANSI

Selen Yılmaz

KİTAP KURDU

KİTAP KURDU 9

Hayatımın Dansı
Selen Yılmaz

Editör: Serhan Bali
Redaksiyon: Gonca Erkmen
Kapak fotoğrafı: Ümit Çakır
(Işık: Kerem Sungur, Saç ve makyaj: Murat Oruç)
Kapak tasarımı: Smool Studio
Sayfa tasarımı ve grafik uygulama: Faruk Özcan

1. Baskı / Ekim 2019
ISBN 978-605-66363-9-4

Baskı: Şan Ofset Matbaacılık San. Tic. Ltd. Şti.
Hamidiye Mahallesi, Anadolu Caddesi No: 50
Kağıthane-İstanbul
Tel. (212) 289 24 24
Matbaa Sertifika No: 45170

Kitap Kurdu
Akçaağaç Sokak Görhan Apt. No: 1/1
Acıbadem 34660 Üsküdar-İstanbul
Tel. (216) 325 27 13
Faks. (216) 326 39 20
www.kitap-kurdu.com.tr
bilgi@kitap-kurdu.com.tr
Yayınevi Sertifika No: 33315

HAYATIMIN DANSI

Selen Yılmaz

KİTAP KURDU

SELEN YILMAZ HAKKINDA

Üç yaşında eğitimini almaya başladığı baleyi daha sonra bu alandaki profesyonel kariyeriyle sürdüren Selen Yılmaz, konservatuvar ve üniversite eğitimlerini Klasik Bale, yüksek lisans eğitimini ise Sanat Yönetimi alanlarında tamamlamıştır. UNESCO'ya bağlı Uluslararası Dans Konseyi'nin üyesi olarak 1997 yılından bu yana klasik bale, Latin ve salon danslarını her yaştan katılımcılarla buluşturmuş; özel gereksinimli çocuklar ve yetişkinler, bakıma muhtaç yaşlılarla iyileştirici dans çalışmaları ve sosyal sorumluluk projeleri yürütmüştür. Üniversitenin Bale Ana Sanat Dalında öğretim görevlisi olarak opera ve bale kadrolarına dansçılar yetiştiren Selen Yılmaz, aynı zamanda Türkiye'nin klasik bale kökenli ilk bale yazarı olarak Andante klasik müzik dergisi yayın kurulunda ve Donizetti Klasik Müzik Ödülleri jürisinde görev almıştır. Üniversiteli Kadınlar Derneği, Sabancı Spastik Çocuklar Derneği gibi kuruluşlarla birlikte çalışmış, UNICEF başta olmak üzere global organizasyonlara destek vermiştir.

Selen Yılmaz'ın 'mutlu aileler' vizyonuyla 2013 yılında İskoçya'da başlattığı Bebeklerle Dans oluşumu tüm dünyada fenomen olmuştur. Bu yıl beş kıtada üçüncü yaşı kutlanan Uluslararası Ailelerle Dans Günü'nün kurucusu olarak dansın ailelerin bağını güçlendirme yolunda toplumsal bilinç oluşturmasını kendine misyon edinmiştir. 2015 yılında hareketin neşesinden yola çıkarak yarattığı Joimove markası altında 19 ülkeye yayılan uluslararası sertifika programlarıyla Joimoverlar ve Joimove eğitmenleri yetiştirmektedir. Bebeklerle Dans kitabının da yazarı olan Selen Yılmaz İskoçya'da yaşamakta, dünyanın farklı noktalarında eğitimler ve seminerler vermeye ve platformlar üzeri bağımsız kuruluş ve topluluklarda aktif şekilde rol almayı sürdürmektedir.

İÇİNDEKİLER

ÖNSÖZ

Dans etmek dendiğinde birçoklarının gözünün önüne profesyonel dansçıların geldiğini biliyoruz. Dansa dair düşüncelerimiz, bugüne dek yaşadıklarımızın ya da gözlemlediklerimizin bir sonucu olabilir; aynı hayattaki diğer şeyler gibi...

Dansın hayatları dönüştürme gücü işte tam da bu doğallığından ve aynı hayatımızdaki diğer şeyler gibi olmasından geliyor aslında. Dans etmek kimine göre eğlence, kimine göre iş sayılmış; eski çağlarda ritüel, birçok kültürde kutlama işlevi görmüş; kimi onu uzmanlık, kimi de ayıp olarak kabul etmiş.

Bana, senin için dans nedir diye sorarsanız, beş yaşındayken sahip çıktığım özgürlüğümdür, derim. Nasıl derseniz de; sizinle hikâyemi paylaşabilir, aklınızdaki sorulara cevap verebilirim.

BİRİNCİ BÖLÜM
ÖZGÜRLÜĞÜ ARAMAK

HER CESUR ÇIKIŞIN BİR BEDELİ VAR MIDIR?

Ben, anneyle babanın uyum içerisinde olmadığı ve bu uyumlu olmama hâlini bir süre sonra sonlandırdıkları bir yuvada doğdum. Bu yuvada kendini müzik ve dansla ifade etmeyi seven, sessiz, sakin, genelde duygu ve düşüncelerini içine atan bir çocuk olarak büyüdüm. Bu benim dengede kalma yöntemimdi. Dansın beni iyileştirdiği gecelerim, yalnız kaldığımda sığındığım şarkılarım vardı.

Huzurlu bir çocukluğum oldu diyemem. Hatırladığım kadarıyla çok okuyan bir çocuktum. Çok okurdum ama soru soramazdım. Bizim çocukluğumuzun geçtiği dönemde yani 80'li yıllarda büyüyen çocuklar öyle çok soru sormazlardı. Ayıplar, günahlar çoktu. Başkalarının ne düşündüğünün lüzumundan fazla önemsendiği ya da yerin kulağı, gökyüzünün gözü olduğu varsayılan gelenekselleşmiş dogmatik çocuk yetiştirme metotları uygulanırdı çoğu aile büyüğü tarafından. Sessiz, sakin, genelde içine kapanık bir çocuktum ama arada bir inatçı ve kendi bildiğini savunan cesur çıkışlarım da olurdu. Bu tip davranışlarımın bedelini ağır öderdim.

Evimizde annem ve babam benimle farklı iletişim yolları kullanırdı. Annem daima yumuşak bir tavırla, anlayış göstererek çözüm ararken babam otoriter ve taviz vermeyen tavrını korumaya özen gösterirdi. Burada iyi polis-kötü polis, ilişkilerde denge, tencere-kapak gibi; çiftler için ya da ebeveynler için kullanılan basmakalıp rol ve davranış modelleriyle açıklama getirmekten kaçınmamız lazım. Çünkü her ailenin koşulları farklıdır. Anne ve babamızın farklı anne ve babalar tarafından, farklı şehirlerde, farklı yaşam koşullarında, farklı hikâyeler ve doğrularla büyütüldüğünü düşünürsek bu iki yetişkinin aynı evde yaşamaya başlamasıyla yeni bir sürecin şekillendiğini görebiliriz.

Anneliğe ve babalığa adapte olmayla ise bambaşka bir süreç başlar. Kendi çocukluğumuzdan hatırladıklarımız, hissettiklerimiz ve çevremizden örneklediklerimizle birlikte, bir anne-baba profili oluştururuz. Biz anne-baba olmayı öğrendiğimiz sırada eş olarak gördüğümüz kişinin de aynı role bürünmesine tanıklık ederiz. Burada ihtiyacımız olan tek şey aslında şeffaflık ve sevgiyken, kendimizi ifade etmemiz ve bir birey yetiştirebilmemiz için çok daha sert faktörler devreye girmeye başlar: Otorite, disiplin, kurallar, evetler, hayırlar, doğrular, yanlışlar, cezalar, ödüller... İşler sarpa sarar, kahkahalar azalır, stres ve gerilim artar.

İyisiyle kötüsüyle çocukluğumuzu geçirdiğimiz o çatı altında her ne yaşanırsa yaşansın, aslında birlikte geçirdiğimiz her an bizi bugünlere hazırlar.

EYVAH! KIZIM DANSÇI OLACAK

Annem ve babam çalıştığı için altı yaşındayken boynumda anahtar, tek başıma okuldan çıkıp eve gelirdim. Bazen evin kapısını açamayıp komşuya giderdim, açabilirsem girerdim içeri ve annemin sabahtan benim için hazırladıklarından atıştırır, anneanneme telefon eder, sonra da oturma odasında dans ederdim.

Benden bir saat sonra annem, annemden yarım saat sonra da babam eve gelirdi. İçinde bulunduğumuz 2018 yılında kulağa çılgınca gelen bu altı yaşında *evde yalnız olma* durumu 80'lerin başında ne kadar doğal karşılanırdı bilmiyorum ama benim için gayet normaldi.

En sevdiğim şey babam evde yokken dans etmekti. Neden diye sorarsanız, babam benim dansçı olma ihtimalimden utanç duyduğunu her fırsatta dile getirir, anneme de beni baleye götürdüğü için çok kızardı. Dans etmenin utanılacak bir şey olduğunu hiç düşünmüyordum ama babamın tepkisi yüzünden takdir edilecek bir şey olmadığını da anlıyordum; bunu o yıllardan aklımın bir köşesine yazdım.

Dürüst olmak gerekirse sadece dans ve müziğe olan sevgim değil, yaptığım hiçbir şey babam tarafından takdir görmezdi. Beş yaşında okuyup yazabiliyor olmam, matematiğe ve bilime olan ilgim veya kendi ağrılarımı elimle dokunarak geçirmem, kayıp eşyaların yerini hislerimle bulabilmem gibi mistik konular... Hiçbirinin onun gözünde pek bir değeri olduğu söylenemezdi.

Adına 'misafirlik' denen aile gezmelerine götürdüğüm bir küçük ansiklopedim vardı. Yazarların, kâşiflerin hayatlarını okuyup ezberler, çevremdekilere anlatırdım. Sıra dışı bir çocuktum demiyorum ama bazı arkadaşlarıma göre sıra dışı olabilecek ilgi alanlarım vardı.

Benimle ilgili, beş yaşında neler yapıyor bu kız böyle dedikleri zaman babam, "Çocuk işte, bir şey anlamıyor ama kafasını dolduruyor!" diye geçiştirirdi.

BİR ÇOCUK, SEVİLDİĞİNİ NASIL ANLAR?

İstemeden babamı üzmeye başladım. Babamın benim için özenle hazırladığı tereyağlı ballı ekmekleri o evden çıkar çıkmaz mutfaktaki pencereden aşağı atardım, sokaktaki kediler, köpekler, kuşlar gelip yesin diye. Bir defasında babam apartmandan geç çıkmıştı, benim de boyum yetişmiyordu pencereye, yemekleri attığımda nereye gittiğini görmüyordum tabii... Meğer ballı ekmek babamın tam önüne düşmüş. O zaman ortaya çıkmıştı aslında hiçbirini yemediğim. Sonraları odamda poşetin içinde saklamaya başladım. Bir yolunu buldum yani! Ne yapıp ettim hiçbirini yemedim, içmedim.

O zamanlar bilmezdim niye böyle yaptığımı. Şimdilerde anlıyorum! Babam yaptıklarımı beğenmiyor, takdir etmiyor diye ona diş bilediğimi, isyan ettiğimi düşündünüz, öyle değil mi? Hayır, davranışımın sebebi bu değildi. Ben, hak etmediğimi düşünüyordum. Benim için özenle hazırladığı ekmekleri hak etmediğimi, ona layık bir çocuk olamadığımı...

Nasıl bir çocuk olduğum sorusunu anneme ya da babama sorsaydık iki farklı cevap alırdık. Annem, çok şefkatli, yaratıcı, dansı ve kitapları seven, babam ise inatçı, dağınık, söz dinlemeyen, yemek yemeyen bir çocuk olduğumu söylerdi muhtemelen. Bu soruyu bugün otuz altı yaşımın aklıselimiyle, her ikisi de haklı diye yanıtlayabilirim. Ama beş yaşındayken böyle bir soru karşısında *iyi bir çocuk olmadığımı* söylerdim. İyi çocuk olmanın odasını toplamak, yemeğini yemek, söz verilmeden konuşmamak, erken uyumak ve en önemlisi uslu durmak olduğunu sanıyordum. Bunların tersini yapmak ve geri kalan her şey -oyun oynamak, şarkı söylemek, dans etmek, soru sormak- tam da babamın kelimeleriyle *faso fiso* şeyler idi. Bu *faso fiso*lar mümkün olduğunca az olursa tolere edilebiliyordu. Tolere edilemediği zamanlar ise, babamın öfkesini kontrol edememesi demek oluyordu...

SEVGİNİ KONTROL EDEBİLDİĞİN KADAR ÖFKENİ KONTROL EDEMEMEK

Babamın sinirlendiğinde kontrol edemediği öfkesini en çok yanaklarım hissederdi. Bazen de kollarım ve saçlarım... Annemin araya girmesi sonrasında ikisi arasında her seferinde bana saatlerce devam ediyormuş gibi gelen bağrışmalar yaşanırdı.

Doğduğum evde beş yaşına geldiğimde en iyi öğrendiğim şey, babamın hoşuna gitmeyen bir şey yaptığımda bana bağıracağını ya da cezalandırılacağımı bilmek ve annemin bu cezayı hafifletmek üzere araya girmesiyle uzun tartışmaların başlayacağıydı. Bu cezalardan kaçmak için oyuncaklarımı topluyorsam da bazen yemeğimi bitirmediğim oluyordu. Tahmin edersiniz ki her çocuğun kolaylıkla geliştirebileceği o direnç mekanizmasını inşa etmem uzun sürmedi: Yalan söylemek! Anneme değil ama, sadece babama yalan söylüyordum. Kendimi korumak için bulduğum en akıllıca yöntem bu olmuştu.

Neden yemiyorsun?

Doydum (Midem bulanıyor, hastayım).

Oyuncaklarını niye toplamadın?

Daha oynuyorum çünkü (Daha iyi toplamak için önce renklerine göre ayırıyordum).

Marketten dönerken paranın üstünü ne yaptın?

Sakız aldım. (Market paranın üstünü vermeyi unuttu).

Yalanlarımın birçoğu anlaşılsa da çoğu zaman beni dayak yemekten kurtarıyordu. Kendi bildiğimi ve kendi istediğimi yapmaya ve içten içe babamdan daha uzun bir boya geleceğim günlerin hayalini kurmaya devam ettim. Çünkü tüm bunlar ondan küçük olduğum için başıma geliyordu! Babamın gücü bana yetiyordu ya da başka bir deyişle benim gücüm ona yetmiyordu!

HER BAKIŞ AÇISI YENİ BİR FIRSATTIR

Beş yaşındayken orta kulak iltihabı olduğumda, kulağıma tüp takılması için operasyon gerekmişti. Hastaneye gittik. Çok korkardım doktorlarla hemşirelerden. Ameliyata beni almayı nasıl başardıkları anlatılmaz ancak yaşanır türden bir öyküdür. O günü her hatırladıkça doktorlara olan hayranlık ve minnet duygularım depreşir.

Operasyon bitti. Narkozdan yeni çıkmışım, ağrı kesici iğne yaptılar. Doktor baktı ki ben epeyce korkmuşum. Hiç unutmuyorum, elini göstererek şöyle dedi: "Çok mu korkuyorsun? Canın çok mu acıdı? İstersen rahatlamak için şuraya vurarak bize canının ne kadar acıdığını gösterebilirsin."

Babam yanımda duruyordu. Başımı kaldırıp pek emin olmayan bir yüz ifadesiyle ona bakınca, "İstersen benim üzerimde gösterebilirsin" dedi. Narkozun etkisiyle mi, iğnenin acısıyla mı yoksa hastane korkusuyla mı bilmiyorum ama o anda çok mantıklı gözüken, parlak bir fikir geldi aklıma. Bu bana verilmiş bir fırsattı! Ve ben bu fırsata teşekkür ederek tüm gücümle babamın yüzüne vurdum. Herkesin şaşkın bakışları arasında, etrafımda birçok kişi olmasının verdiği güvenle. Babam öylece durdu. Hiçbir şey söylemedi. O günden itibaren babamla ilişkimizin daha iyiye gittiğini söyleyemeyeceğim belki ama bana bir daha vurmadı.

Bir gün anneme, "Babam beni sevmiyor" dediğimde annemin verdiği cevap bana uzun yıllar rehberlik etti. "Baban seni çok seviyor, sadece sevgisini tam gösteremiyor. Sen bilmiyorsun, gece sen uyurken gelip sana nasıl baktığını, nasıl sevdiğini..."

Evet bilmiyordum. Hiçbir zaman da bilemeyecektim. Ama annemin anlattıkları öyle bir canlandı ki gözümde, görmüş kadar, bilmiş kadar oldum. Ve içimde bir yerde, kendime söz verdim. Bir gün büyüyüp ben de kendime bir yuva kurmak istersem, baba olduğunda çocuklarımıza şefkat gösterebilecek bir erkeği bulana kadar evlenmeyecektim.

Böyle birini bulmak için doğru düzgün çaba sarf etmesem, hatta zamanımı genellikle şefkatini göstermekten korkan insanların etrafında geçirsem de, kendime verdiğim bu sözü hiçbir zaman unutmadım! Sözümün gerçeğe dönüşmesi için aradan on sekiz yıl geçmesi gerekecekti.

Kızım Lydia'nın *şefkatli* babasıyla bir tango gecesinde tanışacaktım...

BOŞANMANIN GETİRDİĞİ YENİ BİR YAŞAM

1989'da, altıncı yaş günümden kısa bir süre sonra, annemle baş başa, omuz omuza bir yaşama doğru giden kapıyı açtık ve babamla yollarımızı ayırdık. O evden taşındığımızda nasıl özgürleştiğimi hatırlıyorum. Tüm engellerden, beni kısıtlayan her yargıdan, her korkudan, her yürek çarpıntısından nasıl kurtulduğumu...

Çok heyecanlanmıştım. Altı yaşındaki çocuk aklımla zannediyordum ki babamın hayatımızdan çıkmasıyla her şey bir anda peri masalına dönüşecekti. Maalesef Andersen ve Grimm Kardeşler masallarıyla büyüyen, kâbus gibi hikâyelerin uyku öncesi okunduğu çocuklardık biz. Kurtların küçük kızları kandırdığı, üvey annelerin zehirlediği, güzellik ve para düşkünü babaların saflığıyla her şeylerini kaybettiği, cadıların çocukları yediği ve itaatkâr olmayanların cezalandırıldığı hikâyelere çokça maruz kalan ama iyilerin kazandığı ve ne kadar vahşet yaşanırsa yaşansın yine de bir şekilde mutlu sona kavuşulacağıyla teselli bulan bir nesildik.

O evden taşındığımızda odamda geceleri baş ucuma gelip oturan, beni uykumda seven bir babam olduğu fikrini de arkamda bırakıyordum. Artık bu tatlı ihtimal de ortadan kalkmış oluyordu böylece.

Annemle bu düşüncemi hiç paylaşmamış olsam da babamdan uzaklaşırsak özgürleşeceğime inanmıştım. Annem ikimizi görüşmeye zorlasa da ben her hafta sonu babamı görmemek için kendimi yeni bir bahane uydurarak hasta ediyordum. Sonunda annemle başka bir şehre taşındık ve babamla sadece tatillerde görüşür oldum. Derken babam da evlendi, çocukları oldu ve o da yeni ailesiyle başka bir şehre taşındı. Öylece geçip gitti yıllar. O beni pek aramadı, ben de ona yılda bir-iki kez telefon ettim. Pek görüşemedik yani. Ta ki ben büyüyüp hayata çok farklı bir pencereden bakmayı öğreninceye dek.

ÖZGÜR OLMAK, ÇOCUK OLMAK MIDIR?

Annemle birlikte yeni bir şehirde hayatımızı sıfırdan kurduk. Annem *güçlü kadın idolüm* olurken, ben de evin her türlü tamir işini yapmayı üstlenen, yeri gelince annemi korumayı kendine görev edinmiş bir edayla evin *eril bireyi* rolünü üstlendim.

Anneme çizdirdiğim karakalem resimleri ondan habersiz okula götürüp sınıf arkadaşlarıma vererek ilk harçlığımı kazandığımda altı yaşındaydım; annemin okuldan geç çıkarsam onu aramam için bana verdiği 10'lu jetonları, telefon kulübesi sırasında bekleyip jetonu olmayanlara verdiğimde ise on bir yaşında... Her zaman kendime ait param olsun istedim, annem çalışamaz olursa eve bakabilmeliydim. Annemle birlikte seçtiğimiz hayatı, çocuk kalbimde taşıyacak kadar ciddiye alıyordum.

O yıllarda Türkiye'de boşanmış olmak, yeni bir şehirde annenden babandan uzak olmak, çocuklu olmak, çalışan kadın olmak, tek başına kız çocuğu büyütmek, hele ki bale okulunda okutmak gibi birçok çıkmazla karşı karşıyaydı annem. Ve her şeye rağmen tek başına hem çalıştı, hem beni büyüttü, hem hayatı sonsuz sorgulamama rehberlik etti, hem de sükûnetini, şefkatini, sevgisini hiç esirgemeden, bir kez olsun öfkelenmeden, yoruldum demeden büyüttü beni. Beni, ben yaptı!

Dans, tüm bu anlattıklarımın neresindeydi biliyor musunuz? İşte bu ciddiyetten, sorumluluktan, kontrolden en uzak yerde. Bulutların üstünde, kimsenin erişemediği, dokunamadığı yerde; özgür olduğum, çocuk olduğum yerdeydi.

Hayatta özgürlüklerin kaçıp gitmelerle değil, kalıp yüzleşmelerle kazanıldığını öğrenmem için bir on beş yıl daha vardı önümde. Ve bu on beş yılın her geçen gün zorlaşan son on yılı, konservatuvarda aldığım bale eğitimiyle geçti.

Ben üç yaşında baleye başladığımda çok katı bir bale öğretmenimiz vardı. En komik tavşan dansını bile gerilim filmi tadında yönetirdi. Dersin yarısını tuvalette geçirirdim.

Zorlandığım ya da iyi yapamadığımı düşündüğüm her hareket öncesi tuvalete giderdim. Annem dışarıda merakla beklerdi, ne zaman çıkacak acaba benimki diye.

Defalarca baleye gitmek istemediğimi söylememe rağmen annem beni inatla her hafta baleye götürürdü. Ben de her dersin yarısını tuvalette geçirmeye devam ettim.

Sonra jimnastiğe de götürmeye başladı. Ritmik jimnastik daha da zordu balenin yanında. Tavşan dansını korku filmine çeviren bale öğretmeni bir anda periye dönüşmüştü gözümde. Jimnastik antrenörleri bizi üçe beşe katlayıp üzerimize oturuyor, kollarımızı ayaklarımızı hamur gibi yoğurup oradan oraya atıyorlardı. Ya da beş yaşındaki *benim* hissettiğim buydu. Bale salonunun tuvaletinde geçirdiğimden daha uzun bir vakti spor salonunun tuvaletinde geçiriyordum çünkü çok şükür ki başka bir kattaydı ve bir kere gidip gelmeyle bile dersin bütün bacak kütletmeli hareketlerini atlatabiliyordum.

'YENİ KIZ' OLMAK

Fiziksel açıdan afacan bir çocuktum. Tırmanır, koşar, düşer, kalkardım ama azıcık daha esnemeye tahammülüm yoktu. Zaten bana sorarsanız fazlasıyla esnek bir vücuda sahiptim.

Kaytarmanın peşinde olmama rağmen derslere gitmeyi sürdürdüm çünkü aslında bale ve jimnastiği öğrenmekten dolayı memnundum. Altı yaşına geldiğimde öğretmenler, artık vücudumun ve tekniğimin seçeceğim dala göre şekilleneceğini, o yüzden jimnastik ve bale arasında bir karar vermem gerektiğini söylediler anneme. O da bana sordu. Doğru tahmin ettiniz. Ben daha az acılı olan baleyi seçtim. Zaten o sırada bizimkiler boşanmış ve kısa bir süre sonra annemle birlikte Antalya'da oturan anneannemin yanına taşınmıştık. Eğitimi Ankara'da verilen ritmik jimnastikle yollarımı ayırdığım için mutluydum.

Büyükbabam 1900'lerin ortasında savaşmış bir F16 jet pilotuydu. Arabalar, uçaklar başta olmak üzere mekanik olan her şey ilgisini çekerdi. Aynı zamanda klasik müzik ve tango tutkunu muhteşem bir dansçıydı. Anneannemle birlikte yaptıkları valsleri rüya gibi hatırlıyorum. Oldukça iyi bir müzik kulağı vardı. Ezgileri bir çırpıda yakalar, farklı enstrümanlarda hızlıca deşifre edebilirdi. Tüm yeteneklerinin yanı sıra ailesine karşı nazik, sevgi dolu ve şefkatli bir adamdı. Hayatımda babalık desteğinden yoksun kaldığımda her zaman oradaydı. Onu derinden özlüyorum!

Anneannemlere taşındığımızda ilkokul birinci sınıfın ikinci yarı dönemiydi. İlk dönemde arkadaş olmuş 60 kişilik sınıfa *yeni gelen kız* sıfatıyla katılmıştım. Daha haftayı devirmeden bahçede karşılaştığım beşinci sınıfa giden çocuklara annemin karakalem resimlerini on beş kuruşa satıyordum.

Birinci sınıfın sona erdiği haziran ayında annem İstanbul'da iş bulmuştu. Bu gelişme üzerine çok kısa bir süre kaldığımız Antalya'dan taşındık. İstanbul'da gittiğim okullarda, derslerinde çok başarılı, büyüklerine saygılı, çok okuyan, dans eden, piyano çalan, matematik seven, derli toplu, arkadaşlarıyla iyi geçinen ve genelde sınıf başkanı seçilen bir çocuktum. Ailevi ve maddi sebeplerden dolayı beş yıllık ilköğretim hayatımda dört kez okul değiştirmek zorunda kaldım. Her okulda *yeni gelen kız*dım.

Her gittiğim yerde *öğretmenin gözdesi* konumuna hızla yükselsem de *okulda bir şey satılamaz* kuralını her zaman zorlayan tek çocuk yine bendim. Bu alışverişlerin parayla olmasının sıkıntıya yol açtığını anladığımda ise takas sistemini başlattım. Oyuncaklarımızı, kalem ve defterlerimizi ya da anne-babamıza hediye etmek istediklerimizi okula getirip takas ediyorduk. Hayat sorumluluk alınca güzeldi. En azından ben kendimi böyle daha büyümüş hissediyordum.

Küçük bir ailede tek çocuk olarak büyümüştüm ama sevginin yüreklerimizden taşarcasına paylaşıldığı sıcacık bir kadınlar çemberindeydim. Annem, anneannem, teyzem, kuzenim ve ben hayatın her anında birbirimizi sımsıkı kucaklardık. Annem her sabah beni okula bıraktıktan sonra işe gidiyordu. Akşamları da işten çıkıp beni okuldan alıyor ve birlikte eve dönüyorduk. Evden işe, işten eve bir hayatımız vardı. Hafta sonları ya teyzeme giderdik ya da bale derslerime. Böylesine sınırlı bir sosyal yaşama rağmen, bu iş-ev arası yolculuklarımız sırasında annemin yolu, benim *babam* diye bağrıma basacağım, aile olmayı yeniden deneyimleyeceğim bir kahramanla kesişecekti. Öyle bir kahraman ki anneme de, bana da en çok ihtiyacımız olan hediyeyi verecekti: baba şefkati ve yeniden aile olmanın verdiği güven!

Kahraman babam, annemle sürdürdüğümüz hayatımıza tek başına katılmamıştı. Artık benden dört yaş büyük bir de ağabeyim vardı. Birbirini her daim kollayan, birlikte büyüyen ve o dönemin en mükemmel rock ve heavy metal arşivine sahip olan, müthiş kafa dengi bir ağabey-kardeş olmuştuk. Anne ve babamızın düğününe bile birlikte şahit olduk, bundan daha şahane ne olabilirdi!

O yıllarda, okul sonrası özel bale derslerim ve gösterilerim aralıksız devam ediyordu ama sahne korkusu da aynı şekilde! Hem çok seviyor, inanılmaz keyif alıyor hem de gösteri gününden bir gün önce her şeyi tamamen bırakmak istiyordum. Öte yandan bu işin en güzel yanı, hazırlanan her koreografide bana başrol vermeleriydi. Genelde bir kalabalığın önünde tek başıma dans ettiğim için unutsam da, şaşırsam da anlaşılma ihtimali daha düşüktü. Yani tek avuntum buydu!

Yukarıdaki satırları yazarken hissedilen bir kendini beğenme hâli, ben süperim, şöyle iyiyim, böyle akıllıyım şeklinde duyulan bir dil var ya, işte bu babamdan özgürleşmekle başlayan ve ne yazık ki dört yıl kadar keyfini sürebildiğim bir duygu hâliydi.

On yaşında İstanbul'da devlete bağlı iki büyük konservatuvarın bale bölümlerinin yüzlerce kişinin katıldığı seçmelerini kültür, dans ve müzik sınavlarını geçerek birincilikle kazandım. Seçmeler sırasında hocaların sergilediği disiplin ve yüzlerinden bin parça düşen ciddiyetçi tavır karşısında, "Vay be, kim bilir bizi daha neler bekliyor!" diye düşünmekten kendimizi alamamıştık. Hepimizi almıştı bir korku. 9-11 yaşları arasında çok sayıda ürkek kız ve erkek çocuğu olarak, *haklısınız, teşekkür ederim, affedersiniz*den öteye gitmeyecek bir iletişim dönemine giriyorduk.

ACI, BİR MOTİVASYON MUDUR?

Altı yaşında kapısını çekip çıktığım hayata geri dönmüştüm. Üstelik bu sefer babamın kopyaları olan hocaların olduğu bir okuldu burası. Araya girip beni kucaklayan, kollarında huzur bulduğum annem de yoktu artık. Her gün neyi yapamadığımı, neden yapamadığımı ve nasıl yapamayacağımı duyduğum, takdir edilmemek neymiş tekrar hatırladığım, tek gün içinde hayatımın ilk altı yılında ağladığımdan daha çok ağladığım bir bale okulundaydım.

Her gün sabahtan akşama kadar asla bir balerin olamayacağımın başıma kakıldığı, bacağımdaki ve sırtımdaki tırnak çiziklerinden kanlar aktığı (50'li yıllardan itibaren Rus ekolünden yetişmiş birçok bale eğitimcisi öğrencinin düzgün durmayan omzuna vurmak, dik durmayı hatırlaması için belinden yukarı sırtını tırnaklamak, iğneleyici şakalar yapmak gibi hareketleri bir çeşit motivasyon yöntemi olarak görürdü) bir bale okulundaydım. Hayatta en çok sevdiğim, kendimi en özgür hissettiğim, uyanır uyanmaz yapmaya başladığım danstan her geçen gün uzaklaştığım günler başlamıştı ve ben nereye kaçmam gerektiğini bilmiyordum.

Bir gün veli toplantısında Madam diye çağırılan Rus bale hocamız beni çok beğendikleri, baleye çok uygun olduğumu ve çok daha iyi olabileceğimi gördükleri için bana bu şekilde davrandıklarını söylemişti anneme. İyi bir balerin olmak istiyorsam daha hırslı ve daha zayıf olmam gerekiyordu. Aksi hâlde sınıfta bırakabilirlerdi. Öyle demişti hocalar beni motive etmek için, 11 yaşında bir kız çocuğunun diğer bazı kız çocuklarına nazaran yaşadıklarından çok daha fazla olumsuz etkilenebileceğini anlayamadan.

PAMUK İPLİĞİNE BAĞLI HAYATLAR

Konservatuvarın ilk yılının ikinci döneminde, tam olarak 19 Nisan 1994 tarihinde, 14 katlı apartmanın onuncu katında bulunan evimizdeki odamın pencere pervazının üzerinden ayaklarımı dışarı sarkıtıp oturmuş *hiçbir işe yaramadığımı* düşünüyordum. Hiçbir işe yaramadığım gibi, balerin de olamayacaktım. Yani bu dünyada var olmama çok da gerek yoktu. Yüzüme doğru tatlı bir esinti; zihnime üşüşen değişik fikirler: Keşke uzaylılar gelip beni kaçırsaydı ya da şuracıktan süzülüp şöylece uçup gitseydim...

Annemin beni kolumdan tutup içeri çektiğini hatırlıyorum. "Ne yapıyorsun sen?" diye haykırmıştı. Annem bana karşı ilk kez sesini yükseltmişti. Aşağı atlayacağım ya da atlamasam bile dengemi kaybedip düşeceğim korkusuyla aklı çıkmıştı kadıncağızın. Bu korkunç sahnenin ardından annemle o gece uzun uzun sohbet etmiştik. Bana şöyle demişti: "Seni üzen, mutsuz eden hiçbir şeyi yapmak zorunda değilsin. İstersen o bale okuluna gitmeyebilirsin. İstediğin okulu kazanabilecek kadar akıllısın, çalışkansın. Baleye de özel kurslardan devam edersin."

2000'li yıllarda değildik henüz. Ailenin okulun kapısına dayanıp, "Ben çocuğumu pencere kenarlarından toplamak için göndermiyorum bu okula!" diyeceği yıllar henüz gelmemişti. Hâlâ *eti senin, kemiği benim* kafasında ilerliyordu eğitim sistemi. Eh, hâl böyle olunca da, okuldakinden hesap sormak yerine sistemi olduğu gibi kabul edip çocuk üzülmesin diye başka alternatifler aramak daha uygun bir çözüm olarak öne çıkıyordu.

Annemin desteğini arkama almıştım almasına ama okulu yine de bırakmadım. Rus motivasyon tekniği mi sonunda işe yaradı, bendeki inat mı galip geldi diye sorarsanız eğer yanıtım şu olur: Ben dansı seçtim, beni özgürleştiren, iyileştiren dansı...

Yaşadığım tüm olumsuzluklara rağmen sürdürdüğüm ve hâlâ hocalarımdan hakkımda iyi bir şey duyamadığım bale dersleri biter bitmez okulda kalıp dans etmeye devam ediyordum. Ama bir farkla. Bu kez çanta büyüklüğündeki walkman'imden favori şarkılarımı dinleyerek dans ediyordum. O kocaman walkman'i dans ettiğim sırada vücudumda sabit tutabilmek için hayatımda ilk kez mucitliğe bile soyunmuştum: Külotlu çoraptan yaptığım, sırtımdan göğsüme çaprazlamasına inen bir walkman çantası! Walkman vücuduma yapıştığı için dans ettiğim sırada sallanmıyordu. Kulaklıklara bulduğum çözüm de onları saç bandıma seloteyple yapıştırmak olmuştu.

Bu garip icadım sayesinde bale salonunun ışığını açmadan, ses çıkarmadan, yani orada olduğumu kimseye fark ettirmeden saatlerce dans edebiliyordum. Genellikle bale yapıyordum; en iyi bildiğim ve her gün yeni bir şey öğrendiğim oydu sonuçta. Ama kendi yöntemimle yapıyordum. Yeterince *özgür ve mutlu* hissedinceye dek, yani *iyileşene dek* çıkmıyordum o salondan.

HAYATI TAM KALBİNDEN ÖĞRENMEK

Konservatuvarda 8-80 yaş arası herkesi bulabilirsiniz. Her odasından başka bir enstrüman sesi gelir. Okulun kantini dansçılar, tiyatrocular ve müzisyenlerle doludur. Herkes birbirinden öğrenir, esinlenir, cesaretlenir. 10 yıl boyunca haftada 6 gün, günde ortalama 8-10 saat geçirdiğim ama bana her zaman keşfedilecek yeni bilgiler, maceralar, hikâyeler sunan inanılmaz bir yerdi konservatuvar.

Biz balerinler gerçekten çok ağlardık. Kızların soyunma odasında, her gün başka bir konu vardı birbirimizi teselli etmemiz gereken. Ne yapıp edip gözyaşlarımızı siler ve bir sonraki derse girerdik.

İnanılmaz eski bir okuldu. 1940 ile 1970'li yılların başı arasında meyve-sebze hali olarak kullanılmış, şehrin tam göbeğinde, deniz kenarında, harika biçimde konumlandırılmış tarihi bir binaydı. Üç katlı bu yapı tam ortasından ayrılarak, bir yarısı tiyatro binasına dönüştürülmüş ve diğer yarısı da konservatuvar olmuştu. İçerisinde mini mini, 100'e yakın müzik odası, 3 bale salonu ve 1 tane de konser salonu vardı. Konser salonunu bale ve orkestra ortaklaşa kullandığı için, provaların tam vaktinde başlayıp bitmesi çok önemliydi yoksa her şey 2 saat rötarlı gerçekleşirdi. Ortalama 700 öğrenciye ev sahipliği yapan ve yeterince büyük olmayan bir binaydı bu sonuçta.

Gün boyu ortalama 6-8 derse girerdi çocuklar. Matematik, edebiyat, bale, müzik ve sonrasında sahne dersleri, provalar... Tam zamanlı bale ve müzik öğrencileri için 11 yaşında olmakla 21 yaşında olmak arasında pek bir fark yoktu. Yaş büyüdükçe üzerindeki baskı azalır ama bu sefer de sorumluluk artardı.

Yani hayatı tam kalbinden öğreten muhteşem bir doğal seleksiyon sistemi vardı konservatuvarın. Ya güçlü olacaksın, çok çalışacaksın ya da sakin duracaksın ve çok göze batmayacaksın. Bu ikisinden biri olmayı da zaten ilk üç yılda öğrenirdin.

Sonuçta 70 milyon kişinin yaşadığı ülkeden 50-100 çocuk sınava girmiş ve sadece dördü uygun görülmüştü. Ben de bu dört çocuktan biriydim, düşünün!

Çok yetenekli, inanılmaz güzel bir vücuda sahip ve müzik kulağına sahip bir çocuktum, yani tam bale yapmak için yaratılmıştım. Yüzlerce çocuk arasından beni seçmişlerdi. Her şey çok güzel ve keyifli olacak, her gün en sevdiğim şeyi yapacak yani dans edecek ve büyüyünce tüm dünyayı dolaşarak daha da çok dans edecektim.

Dedim ya, konservatuvar aslında bir hayat okuluydu. İşte bu hayat okulundaki ilk haftamda, kendimi üzerimde bale mayom ve elimde bale patiklerimle bölümün kapısında buldum. Öğrenmemiz gerekenlerin başında soyunma odasını ne zaman ve ne hızda kullanacağımız geliyordu. Biz giyinirken soyunma odasına gelen ablalar varsa odadan derhâl çıkmalıydık. Kurallardan biri buydu. Yoksa seni kapının önüne koyarlardı.

Yanımızdan gülüşerek geçen müzik bölümü öğrencilerinden hızlıca uzaklaşarak gidip tuvalette giyinmiştik. Böylece ablaların dersten çıkış saatlerini de, soyunma odasında oyalanmadan çabuk çabuk nasıl üstümüzü değiştireceğimizi de ilk günden öğrenmiştik.

İlköğretimden yeni mezun olmuş çocuklarla üniversitelilerin aynı binada yan yana sınıflarda ders görmesi okulun en güzel kısmıydı benim için. Çok değil, altı yıl sonra ben de onlar gibi olacaktım. İstediğimi giyip istediğimi söyleyecektim.

En azından öyle olacağını zannediyordum.

ACI +10, ZEVK -10!

10 yaşımda, bu okula tam zamanlı bale öğrencisi olarak başladığımda fiziksel acı çekmeme gerek kalmayacak kadar esnektim. Ama bu sefer de daha güçlü olmam ve tekniğimi sürekli geliştirmem gerekiyordu. Keyif almaya ya da en azından dans ederken keyif alıyormuş gibi gözükmeye devam etmek... İşin en önemli kısmı buydu! Bir önceki akşam çok sevdiğiniz birini kaybetmiş bile olsanız, o akşam çıkacağınız temsilde mutlu köylü kızını ya da cesur savaşçıyı, hiçbir şey olmamış gibi canlandırmak zorundaydınız.

Gibi yapmak kısmını da kolay hallettim. Kısa sürede duygularımı bastırmak konusunda epeyi ustalaştım. Fakat bu defa da, daha önce bahsettiğim yeterince iyi olamamak, beğenilmemek korkusu, onaylanmamak, azar işitmek, ceza almak, sınıftan atılmak, dersten çıkarılmak, herkesin önünde küçük düşürülmek gibi uzayan bir *korkular listesi*ne sahip olmaya başladım. İşte bu, duygusal acının baleden aldığım zevkin önüne geçmeye başladığı andı. Ve bu acı hissi giderek arttı.

Bale yapmaktan keyif almadığım gibi, en nihayetinde daha fazla bale yapmak istemediğime karar verdim. Kendimi çok güçsüz ve savunmasız hissediyordum.

Düşündüm, taşındım, sordum, soruşturdum ve anneme, onu şoke eden kararımı açıkladım: "Ben, Hava Harp Okulu'na gitmek istiyorum, asker olacağım!" Annem birkaç saniye içerisinde yüzünün aldığı iki yüz civarı farklı mimikle Oscar ödüllerine aday olabilirdi.

Annemle yaptığımız uzun konuşmalar sonucunda benim esas ihtiyacım olanın kendime inanmak olduğunu keşfettik. Kendime olan inancımı, saygımı ve hayata dair neşemi kaybetmiştim. Sebebi bulmuştuk ama sorunu nasıl çözebiliriz kısmının cevabı henüz yoktu.

Annem, "Sık dişini" dedi. "Bu kadar emek verdin. Bırakma. Olduğu kadar. Üzme kendini. Yapabildiğin kadar yap. Her şey yoluna girer."

Ben de her gün okula gitmeye, bale yapmaya ve tam saatinde provalarda olmaya devam ettim. Bazen çok beğenip en iyi rolleri bana verdiler; bazen de hiç beğenmeyip en arkaya koydular. Bazen güzel şeyler duydum, bazen de keşke hiç duymasaydım dediğim cümleler...

ASİ BİR RUHA ŞEFKAT GÖSTERMEK

Hayatta her şeyin bizi iyileştirdiğine inanırım. O an için zor gözüken her şeyin, bazen bir saat, bazen yıllar sonra bize bir hediye olduğunu fark ederiz. Ben de dansı hep özgürlüğe açılan bir kapı, bir hediye olarak kabul etmiştim. Ama dans eğitiminin beni sınırlayan zincirlerini kabullenmemem için öncelikle asi bir ruha şefkat göstermeyi öğrenmem gerekecekti.

Hani ergenliğin başladığı yıllarda gücümüzü kendimize ilk defa şiddetle ispatlamaya çalıştığımız anlar vardır ya, işte onlar aslında şefkate en çok ihtiyaç duyduğumuz anlardır.

Yani hayat ne kadar tahammül edilmesi zor bir hâl aldıysa, bunun aslında bizim kendimizi tahammül edilmesi zor bir duyguya hapsettiğimiz için böyle yaşandığını fark edemeyiz. Bu öz farkındalık için tüm o telaşlara, heyecanlara, hayal kırıklıklarına ihtiyacımız vardır. Hepimizin! En yumuşak kalpli, sulu gözlü olanımız kadar en sert gözükenimizin bile. İşte tüm bu kabullenişin, öz farkındalığın anahtarıdır şefkat.

İçinden geçtiğimiz her duygu, tanıklık ettiğimiz her olay, karşılaştığımız her bir kişi öyle kıymetli ki!

'HER ŞEYE RAĞMEN' DİYEBİLMEK

13 yaşımdan itibaren sürekli psikanaliz kitapları okurdum. Duygu ve davranış arasındaki ilişki bana büyüleyici gelirdi. Neyi neden yaptığım, davranışlarımın ve düşüncelerimin nelere sebep olduğunu gözlemlemek sihirli bir rehber gibiydi. Bu bakış açısı üzerinde çalıştıkça bale okulunda yaşadıklarımı da çok farklı bir açıdan görmeye başlamıştım.

Konservatuvar binası İstanbul'un tam göbeğinde, Kadıköy meydanının ortasındaydı. 1990'lu yıllar, Ortadoğu'nun bitmeyen savaşlarının ve ülkemizdeki terörün Türkiye'nin özellikle doğusundakilere sürekli yaşattırdığı bir gerilim ortamı içinde akıp gidiyordu. Ama terör tehdidi zamanla o kadar artmıştı ki, artık sadece doğuda yaşanmıyor Batı'ya, İstanbul'a kadar uzanıyordu. Neredeyse her hafta okulda bomba ihbarı yapılırdı.

Bale dersinde aynadaki suretimizin yeterince iyi, zayıf, güzel görünüp görünmediği üzerine düşünüp fikir yürüttüğümüz bir sırada megafondan yükselen bir sesle irkilirdik. Duyduğumuz ses, okul kantininde şüpheli bir paket bulunduğunu ve bomba imha ekibinin okula geldiğini söylüyorsa, bale kıyafetlerimiz, enstrümanlarımızla hepimiz derhâl okulun dışına, Kadıköy meydanına çıkartılırdık. Birkaç saat boyunca dışarlarda endişeyle bekleşir, tehlikenin geçtiği haberini aldığımızda ise hayata -ve derse- kaldığımız yerden devam ederdik.

Bomba ihbarı olmadığı bazı zamanlar da Kadıköy meydanında mitingler olur, sloganlar ve molotof kokteylleri atılır, ses bombaları patlardı. Böyle durumlarda da okulun zemin katındaki tiyatro bölümüne sığınırdık.

Sabah evin önünden otobüse binip okula gider, akşam hava karardığında okuldan çıkıp doğruca eve gelirdim. Dışarıda neredeyse hiç zaman geçirmediğim için, okul dışında insanlarla aynı ortamda bulunduğum tek yer otobüsler olurdu diyebilirim. Akşam saatleri otobüsler çok kalabalık olur, herkes birbirine yapışık giderdi.

Gençler yaşlılara yerlerini gönüllüce verir, ola ki vermezlerse bir araba dolusu laf işitip yerlerini vermek zorunda bırakılırlardı. Bazen çalışmaktan bacaklarım o kadar ağrırdı ki sırf bu tip bir durumda yerimden kalkmamak için uyuyor numarası yapardım. Ama zaten genellikle ayakta giderdim.

Okulla ev arasındaki yolculuk yoğun trafik ortamında 45 ile 60 dakika arası sürüyordu. Herkesin yorgun, aç ve keyifsiz olduğu akşam saatlerinde otobüsler de elbette birer mutluluk yuvası değildi. Ama bunun yanı sıra toplu taşıma araçlarında yapılan yolculukların hiç çekilmeyen başka yanları da vardı. Mesela o yıllarda iç ortamlarda sigara içmek serbest olduğu için cam kenarına üşüşen herkes sigarasını yakardı. Haydi sigara kokusunu, dumanını geçtim, otobüste ayakta seyahat etmenin en korkunç yani, her an biri tarafından sıkıştırılma, taciz edilme riskiydi.

O otobüslerden birinde bir kız çocuğu olarak seyahat etmek bazı zamanlar hayatın katlanması en zor anlarıydı. İnsan ilişkilerinden zaman yönetimine, cesur olmaktan hakkını aramaya, kendini korumaktan başını belaya sokmamaya kadar her şey ama her şey çok ince bir çizgideydi.

Yerimden kalkmadığım zamanlarda uyuyor numarası yapıyorsam, her durakta gözlerimi gizlice aralayıp nerede olduğumuza bakardım. Yanımda bir erkek oturuyorsa eğer, aramıza çanta koyardım her türlü tacize uğrama ihtimaline karşı. Bu sırada çantamın sapını kolumdan geçirip öyle tutar, fermuarlı kısmını da kendime doğru çevirirdim. Bu da hırsızlık ihtimaline karşı alınan bir önlemdi.

Bu arada hem yanımdaki kişi hakkında ön yargılı davrandığım için suçluluk duyar, hem de her ihtimale karşı tedbirli olduğumu düşünerek içimi ferah tutardım. Otobüste ayakta giderken tacize uğradığım zamanlarda birçok adamı avaz avaz bağırarak şikâyet ettiğim ve araçtan attırdığım anları sanki dünmüş gibi hatırlıyorum. Yorucu bir yolculuğun ardından, en sonunda evimize en yakın durakta duran otobüsten hızlıca indikten sonra takip eden biri var mı diye arada sırada arkamı kontrol ederek koşar adım eve giderdim.

ŞİDDETİ DEĞİL, ŞEFKATİ NORMALLEŞTİRMEK

Akşamları tüm televizyon kanalları ülkede o günlerde yaşanan terör eylemlerini gösterir, hayata gözlerini yuman gençlerin ailelerinin feryatlarını ve politikacıların taziye mesajlarını yayınlardı. Her gece rüyamda eli tüfekli askerlerin apartmanımıza girip herkesi, her şeyi yok ettiklerini görürdüm.

Terör korkusunun yanında, çocukların da başka ülkelere kaçırıldığı ve satıldığı yıllardı aynı zamanda 1990'lar. Betty Mahmudi'nin (Betty Mahmoody) *Kızım Olmadan Asla* adlı kitabı tüm kitapçılarda çok satanların en tepesindeydi. Yani henüz 11 yaşında, İstanbul'da konservatuvarda bale eğitimi alan bir kız çocuğu olarak, ya bombadan, ya terörden, ya tacizden ya da kaçırılmaktan her an korkan, hayatının her anını tehdit altında geçiren bir çocuktum. Belki her çocuk için 1990'lı yıllar böylesine yoğun bir korku ve tehdit ortamında geçmediyse de hayatı gözlemlediğim perspektiften bana öyle gözüküyordu.

Yine de çocuk olmanın verdiği saf neşe bir şekilde hepimizin içinden fırlıyordu. Okulda güvenli bir gün geçiriyorsak ve her şey yolundaysa bizim de keyfimiz yerindeydi. Tiyatrocular komiklikler yapar, müzisyenlerden birkaçı piyanonun başına üşüşür, biz de bale hareketleriyle türlü muzırlıklar denerdik.

10 yaşındaki çocuklarla 20 yaşında gençler ve 30'larında, 40'larındaki genç eğitmenlerin her şeye rağmen müzikle, dansla, sanatla hem kendilerini hem de etrafında olanları iyileştirdikleri bir binaydı okulumuz.

Sanatın verdiği keyif duygusundan çok 'disiplin'in öne çıktığı yıllardı o yıllar çünkü hepimiz sanatımızın en iyileri olmak üzere yetiştiriliyorduk. En iyisi olmak demek, en başta okulunu, öğretmenini ve sonra da ülkeni tüm dünyada mükemmel biçimde temsil edebilecek seviyede sanat icra etmek yani dans etmek, enstrüman çalmak demekti. Yıllar sonra yüksek lisans tezimi İkinci Dünya Savaşı döneminde İngiltere ve Türkiye arasındaki kültürel ilişkilerin Türk balesine etkisi üzerine yazdığımı söylesem herhâlde şaşırmazdınız!

Tez çalışmalarım sırasında tüm dünyada savaş dönemi politikalarının bale ve dans tarihine nasıl etki ettiğini de inceleme fırsatı bulmuştum. Konu her ne kadar savaş-sanat-siyaset üçgeninde olsa da aslında inanılmaz bir gerçekliği gözler önüne seriyordu. Herkes bir yerden kaçar, göçer, gönderilirken gittiği yere sahip olduğu kültürü, eğitimi, inançları, disiplini de götürüyor ve böylece üzerine yerleştiği coğrafyayı, o coğrafyanın kültürünü ve insanını dönüştürüyordu. Sanatın her alanında yaşanan bu kültürler arası kaynaşmanın hayata nüfuz etmesiyle de yeni akımlar ve stiller doğuyordu. Yaşanan tüm zorbalıkların yerini dışavurumculuğa ve ifade gücüne bıraktığı yerde duruyordu dans. Ve işte tam da bu yüzden ilk yüzyıllardan bu yana, insanın hayatına özgürlük katıyor, yaşamları dönüştürmeye devam ediyordu.

İşte ben de dansı bu pencereden görmüş ve bu alanda tam 10 yıl sürecek profesyonel bir eğitime başlamıştım. Zor olduğunu, acı verdiğini düşündüğüm anlarda dahi dansı bırakmamıştım. En başından itibaren her türlü zorluğa ve sıkıntıya katlanmayı kendi isteğimle kabul etmiştim.

Lakin sonunda bale sanatçısı olmayı istemediğim, kendimi rekabetten en uzak konumda tutmaya özen gösterdiğim bir dünya kurdum kendime. Çünkü dans etmek her geçen gün benim için keyifli bir uğraş olmaktan uzaklaşıyordu. Ta ki minik bale öğrencilerine asistanlık yapmaya başlayana dek...

Bir gün, sekiz yaşındaki öğrencilerimle bale dersimizin sonuna gelmiştik. Onlara evde dans edip etmediklerini sordum. Çocuklardan biri öyle bir şey söyledi ki benim dansla tekrar barışmamı sağladı. "Evde dans etmek istemiyorum çünkü annem daha iyi dans etmem gerektiğini düşünüyor ve babam da dans etmeyi hiç sevmiyor. Bence dans onları üzüyor." Gözlerimin içine tatlı tatlı bakan öğrencime dedim ki: "Dans onları üzmüyor, sadece özgürce hareket etmenin onları nasıl mutlu ettiğini tekrar hatırlamaları gerekiyor ve bunu onlara ancak sen gösterebilirsin. Nasıl mı? Dans etmeye devam ederek..."

O sıralar benim en büyük desteğim ise, sekiz yaşımdan beri hayatımın her döneminde yanımda olan, 'kız kardeşim' dediğim dostum, öğrencilerim, kahkahalarla güldüğüm arkadaşlarım ve 'ilacım' dediğim rock müzikti. Duygusal açıdan rahatsızlandığımda iyileştiğim yer ise annemin şefkatli kolları...

İnanıyordum ki okulda uygulanan sert eğitim sistemi bir gün bitecek ve öğrendiğimiz her şeyi kendi hayallerimizle harmanlayıp özgürleşecektik. Nitekim öyle de oldu!

HAKARETTEN GELEN FARKINDALIK

2000'li yıllar üniversiteye başlayan tüm arkadaşlarımın bağımsızlıklarını ilan ettiği, harika yıllardı. İstedikleri şekilde giyindikleri, hocalarıyla çok daha özgür bir ortamda iletişim kurdukları, derslerini kendi ihtiyaçlarına göre düzenleyebildikleri, çok daha sosyal, yepyeni bir platforma taşımışlardı hayatlarını.

Bizim konservatuvar binası aynı zamanda üniversiteye de devam edeceğimiz yer olduğundan, 2000'ler bizim için 10 yaşımızdaki hâlimizden sadece santimetre bazında büyük hissettiğimiz ama çok da fazla bir özgürlük elde edemediğimiz yıllardı.

Şehrin göbeğinde bale hocalarımızdan birini gördüğümüzde derhâl asker selamı verir gibi bale reveransı yapıveriyorduk. Bu emir-komuta zincirini sorgulama şansına sahip olmayan ama bundan tedirginlik de duyan bir duygu durumuyla sonunda üniversiteli olduk. Artık, *sizi sınıfta bırakırız, okuldan atarız* gözdağları gitmiş, yerini *sizi mezun etmeyiz*ler almıştı!

Okuldan sonra kiminle gezdik, nereye gittik, hafta sonu provaya neden geç kaldık? Artık her hareketimizin izini süren hocalarımız vardı. Hocaların yetişemediği durumlarda sınıf arkadaşlarımızın hafız anneleri devreye girerdi ki onlar kuş uçsa saniyesinde okula haber getirirdi.

İşte biz balerinler, böyle üniversiteli olduk. Okuldaki öğretmenlerimizin *çocuklarıy*dık yani. Ne kadar büyümüş olsak da biz onların minik kızları ve oğullarıydık. Bana sorarsanız çok tatlı, çok duygulu, çok hassas ama bir o kadar da yönetmesi zor ve çelişkili bir durumdu bu.

Bir gün, konser salonunda -büyük pencereleri ve kuyruklu piyanosu olan, hem müzik, hem de bale bölümü öğrencilerinin bütün konser ve gösteri provalarının yapıldığı okulun tek büyük odası- klasik bir bale eserinin provası yapılıyordu. Ben ve diğer üniversiteli sınıf arkadaşlarım, liseli ve ortaokullu kardeşlerimizle birlikte dans için yerlerimizde duruyorduk.

Müzik başladı. Benim, diğer üç arkadaşımla birlikte dans edeceğim sahneye geldi sıra. Bir-iki-üç-sağa-sola-dön-zıpla derken bir anda müzik durdu. Provayı yöneten hocalarımızdan biri benden hareketi tek başıma tekrar etmemi istedi. Birkaç tekrardan sonra mecaz içeren şakayla duruma açıklık getirmek istemiş olacak ki, "Valla deminden beri bakıyorum da Selen, kurbanlık koyun gibi olmuşsun, hatırlat da önümüzdeki bayram seni keselim" dedi. Hep birlikte güldük demek isterdim ama öyle olmadı tabii. Ben hiç gülmedim. Kıpkırmızı oldum. Yutkunamadım bile. Öylece kalakaldım. Hiçbir şey söylemeden salondan çıktım. Kapıyı tüm gücümle arkamdan çarptım ve konser salonunun kapısı önünde, "Kimse benimle böyle konuşamaz, hiç kimse bana bu şekilde davranma hakkına sahip değil!" diye avazım çıktığı kadar bağırdım.

Beni sakinleştirmeye gelen bazı hocalar oldu. 10 dakika sonra tekrar içeri girip, "İzninizle katılmak istiyorum" dedim ve dansa kaldığım yerden devam ettim. Çünkü iki hafta sonra gösteri vardı ve ben o sahnede olmak istiyordum!

Hayatta hepimiz, istediğimiz şeyleri ne kadar güçlü istediğimiz kadarız! O gün, tüm o bağrışmaların içinde bir şey oldu. Beni rahatsız eden kendi gerçeğimi, yıllardır susturduğum gerçeği yüksek sesle haykırmanın verdiği güç, daha sonraki eğitim yıllarımı, hatta hayatımı değiştirdi.

Bale ve sanat aracılığıyla da olsa bürokratik, akademik ve hiyerarşik düzenlerin içinde yer almaya devam etmemden ötürü bana bu şekilde davranmak isteyen, benimle bu şekilde konuşmak isteyenler her zaman oldu. Ama her seferinde aynı duyguyu pratik etme şansı bu davranışa ortam hazırlamamam ya da bu davranışın getirdiği duygularla başa çıkmam konusunda beni ustalaştırdı.

Zamanla kendi sorumluluğumu yüzde yüz aldığım ve elimden gelenin en iyisini koşulsuz şartsız yaptığım sürece hiç kimsenin benimle bir derdi olmadığını fark ettim. Herkesin derdi aslında kendisiyleydi. Benim aldığım sorumluluğu tam olarak yerine getirmemem öğretmenimin başarısızlığı gibi gözükürken, ilerleyen yıllarda bana verilen işi yüzde yüz eforla yapmam diğer meslektaşlarımın çaba eksikliğini su yüzüne çıkartmış oluyordu.

Yani herkes aslında kendisini iyi hissedecek ölçüde başkalarıyla ilgili yapıcı aksiyon alıyor ya da kendisini yetersiz hissetmeye başladığı ölçüde saldırganlaşıyordu.

Bana *kurbanlık koyun* yakıştırması yapan hocama duyduğum kızgınlık aslında kendimle ilgili farkındalığıma yönelik isyanımdı. 19 yaşındaki bir öğrencisiyle diğer öğrencilerinin önünde bu şekilde konuşması onun ayıbı olabilirdi ve bu onun iletişim tarzıyla ilgiliydi. Bana bu şekilde davranılmasına ben nasıl ortam hazırlamıştım acaba? İşte bu da olayın benimle ilgili yönüydü ve bunu değiştirme gücü de tam olarak bendeydi!

Bu farkındalık bana ömre bedel bir kolaylık kazandırdı.

HER AŞK BERABERİNDE KORKU MU GETİRİR?

Bu kadar sene, neredeyse yürümeyi öğrendiğim günden beri bale ve dans eğitimi almıştım ve şimdi dans etmeyi bırakacak mıydım yani?

Neyse ki o yıllarda bile Devlet Opera ve Balesi'ne gitmek istemeyenler için alternatif dans platformları vardı Türkiye'de. Bunların en başında Çağdaş Bale Topluluğu geliyordu. Ellinci yılını kutlamaya yaklaşan ÇBT, mezun olduğum okulun hocalarından Cem Ertekin'in kurduğu bir topluluktu ve yüzlerce eser sahnelemişti. Ben de bu toplulukta, hem okulun öğrencisi hem de topluluğun dansçısı olarak 16 yaşımdan beri sahneye çıkıyordum.

İlk başrolümü oynadığımda 19 yaşımdaydım. İki perdelik bir eserin başrol dansçısı olarak seçilmiştim. Okulda sahnelenen diğer eserlerde de başrolde dans ettiğim üç eser vardı.

Peki, ne olmuştu da bir anda bu kadar popüler olmuştum? Sekiz yıl boyunca neredeyse bir kere bile güzel bir söz duymamışken şimdi ne olmuştu da yaptığım bale beğenilir olmuştu?

Her zamankinden daha mı çok çalışıyordum? Evet!

Her zamankinden daha mı sağlıklı besleniyordum? Hayır!

Kendi kendime bir anda her şeyi değiştirme kararı mı almıştım? Hayır!

Lafı çok dolandırmadan neler olduğunu anlatayım: Üniversite üçüncü sınıftaydım, yani bir sene daha okuyacaktım mezun olmak için. Anatomiden sanat tarihine, estetik bilgisinden mitolojiye, eskrimden tarih dersine, dolu dolu bir programdı. Bunların yanı sıra klasik bale, modern dans, repertuvar, *pas de deux*[1] gibi birçok ana dalda dersler de günlük ve haftalık devam ediyordu. Yazmalı, okumalı derslerden inanılmaz keyif alıyordum. Dans derslerinden ise eh işte...

Her gün sabah-akşam okuldaydık. Ben ders aralarında kantindeydim, günde ortalama iki-üç paket sigara içiyordum (Sigarayı sonradan bıraktım). Hâlâ rock müzik seviyordum. Hâlâ her gün bir bale okulunda günde beş saat bale ve Latin dansları öğretmenliği yapıyordum ki hayatımın en çok keyif aldığım kısmıydı! Hâlâ geç yatıp erken kalkıyordum. Ve hâlâ boş vakitlerimde playstation'dan araba yarışı oynu-

1. Bale sanatında, koreografinin çift olarak yapılan bölümü.

yordum. 19 yaşındaydım daha! Peki, ne olmuştu da bir anda bale öğretmenlerim beni beğenmeye başlamışlardı?

Her şey okula yeni gelen bir Rus hocanın benim bacaklarıma, kollarıma, dönüşlerime ve zıplamalarıma övgülerde bulunmasıyla başladı. Epeyi beğeniyordu beni. Başka öğrencilere örnek gösteriyordu hatta. "Bakın, bu hareketi Selen gibi yapın!" şeklinde cümleler kuruyordu. Bense kulaklarıma inanamaz hâldeydim.

Birkaç hafta sonra prova çıkışı yanıma gelip bir de demez mi, "Seninle istiyorum özel çalışmak, senin fizik çok güzel, teknik çok güzel, sen sadece yapmak lazım pratik çünkü sen bilmiyor nasıl kullanmak senin yetenek!" Ben tabii ki hemen, "Tamam!" dedim. "Ne zaman, nerede, söyleyin, koşa koşa geleyim!"

Hemen o hafta sonu çalışmaya başladık. İlk derste tam 90 dakika *plie* yaptık. *Plie* nedir? Ayakta dimdik duruyorsunuz, topuklar birleşik, ayak parmakları dışa dönük. Deniz kızı kuyruğu gibi düşünün ayaklarınızı. Dizlerinizi aşağı doğru büküp tekrar düz yapıyorsunuz. Şimdi kaba bir hesapla ben 90 dakikada bu hareketten kaç yüz bin tane yapmış olabilirim? Ve bundan ne kadar keyif almış olabilirim?

Sorunun yanıtı sandığınızdan daha düşük. En fazla herhâlde 60 tane yapabilmişimdir. Ama... Dolu dolu geçirdiğim bu 90 dakika boyunca hayatımda o güne değin hiç olmadığım kadar mutlu olmuştum. Bale mayom sırılsıklam olmuştu. Saçlarım da öyle. Alnımdan burnuma, burnumdan yere düşen damlalardan yerde küçük bir gölet oluşmuştu.

Ertesi gün kaslarımın ağrısından doğru düzgün yürüyemedim. Sonraki cumartesi bir ders daha yaptık. Ondan sonraki hafta sonu bir ders daha... Bu tempoda düzenli olarak üç ay çalıştık. Her seferinde çok basit bale egzersizleri dışında bana başka bir şey yaptırmıyordu. Ama üç ay sonra, yıllardır dönemeyen eklemlerim dönmeye, duruşum uzamaya ve güçlenmeye başlamıştı. Derslerde aynaya baktığımda kendimdeki ilerlemeye hayranlık duyar olmuştum.

Yaptığım şeyden keyif aldıkça kendimi beğenmeye, kendime güzel şeyler söylemeye başladıkça da dansım korkulardan, yargılardan özgürleşiyordu. Çok kısa bir süre sonra okuldaki diğer hocalar da bana güzel şeyler söylemeye başladı. Ve derken danslardaki iyi rolleri bana verdiler.

İşte her şey, bir cumartesi günü, daha iyisini yapabileceğime inanan bir kişinin beni kendime inandırmasıyla başladı.

Belki diğer hocalar da daha iyi yapabileceğime inanıyor, görüyor ve bu yüzden üzülüyorlardı ama seçtikleri yöntem beni kendime inandırmaktan ziyade, "Aman neyse, olduğu kadar yaparım, nasılsa bir şey fark etmeyecek" düşüncesine itiyordu.

O cumartesi günleri sadece *plie* yapmadık. Madam, bana başka bir şey daha öğretti. 90 dakika boyunca sürekli olarak bana şöyle dedi: "Bacağına bak, görüyor musun nasıl da güzel çalışıyor. Sen döndür komutunu verince beyninden, nasıl da güzel uyguluyor. Vücudun ve aklın, ihtiyacın olan her şeye sahip. Bak beş dakikada nasıl fark etti. Bunu çalışmaya devam edersen güçleneceksin. Daha bugünden güçlenmeye başladın bile. Tek ihtiyacın olan bu pratiği sürdürmek. Böylece kasların ne yapması gerektiğini hatırlayacak, her gün daha da kolaylaşacak."

Hocamın bana o odada ne yaptığını görüyor musunuz? Sözcüklerinin arkasındaki gücü görüyor musunuz? Bu gücü, yapmak ya da yıkmak için kullanmak elimizde!

Madam'ın seçtiği kelimelerin bana hissettirdikleri *Rocky* filminden bir sahne gibiydi. Haftada bir buçuk saat süren bu üç aylık çalışmayla bana hayatımın en büyük hediyelerinden birini, o sırada en çok ihtiyaç duyduğum şeyi verdi. Kaybettiğimi sandığımı. Bunun adı *Umut*tu...

KEYİF VE NEŞENİN, KORKU VE ENDİŞELERİN ÖNÜNE GEÇMESİNE İZİN VERMEK

Konservatuvara girdiğim yıl, 11 yaşımdayken, bir Rus öğretmenin sözleriyle sönen umutlarım dokuz yıl sonra bir başka Rus öğretmenle geri gelmişti. Ve o andan itibaren her şey değişmişti. Sadece üç ay sonra hem toplulukta hem de okulda sabahları ve akşamları birçok role çalışıyor; attığım her adım ve yaptığım her dönüşten keyif alarak dans ediyordum. Üniversiteden mezun olduğumda 20 yaşımdaydım. Dört senelik okulu sınıf atlayarak bir sene erken bitirmiştim. Uzun soluklu bale eğitimini mutlu sonla bitirdiğim için mutluydum.

Mezuniyetten sonra Devlet Opera ve Balesi'ne dansçı olarak girip okulda 10 sene boyunca ayak uydurmayı öğrenemediğim bir sistemin *parçası olmayı sürdürmek* fikri, tahmin edersiniz ki bana pek cazip gelmemişti. Bale öğrencisi olarak okula ayak uydurabilir hâle nihayet gelmiştim ama iş yaşamında kendimi bir balerin olarak konumlandıramıyordum. Rekabet, otorite, kurallar, hiyerarşi ve hata yapma korkusu bende müzik, dans, neşe, keyif, sahne, seyirci, alkış gibi işin muhteşem kısımlarının önüne geçiyordu. Diğer tüm dansçı arkadaşlarım Devlet Opera ve Balesi'nde çalışmaktan dolayı mutlulardı ve bale sanatçılığı onlara korkutucu ya da yıpratıcı gelmiyordu.

Mezuniyetin ardından ilk işim özgürlüğümü ilan edip Avusturya'da okumaya gitmek oldu. Kurslar, atölyeler, seminerler, konserler, performanslar harikaydı. Sıfırdan bir yaşam kurma fikri öyle büyüleyiciydi ki altı ay içinde Almanca okur, yazar ve konuşur hâle getirmiştim kendimi. Sürekli Viyana-Salzburg arası seyahat hâlindeydim. Muhteşem doğası, sakin yaşamı ve düzenli şehirlerine bayılmıştım. Gördüğüm her şeye hayranlık beslediğim; kokladığım, duyduğum, gördüğüm her şeyden ilham aldığım uçsuz bucaksız bir deneyimdi Avusturya benim için. Hayatımda ilk defa kendi başıma yaşıyordum. Faturalar, mutfak, yemek, çöpler, çamaşırlar, her şey benim sorumluluğumdaydı. Ve bu *muhteşem* bir şeydi!

HER YOLCULUK YENİ BİR BAŞLANGIÇ MIDIR?

Avusturya'ya esas gitme sebebim, dünyaca ünlü Carl Orff Enstitüsünde Müzik ve Dans Pedagojisi üzerine altı yıl sürecek bir doktora eğitimi almaya hak kazanmış olmamdı. Kariyerimi değiştirecek dönüm noktalarından biri, sınavına aylarca hazırlandığım bu okulun final seçmelerine katılmamak oldu diyebilirim.

Okulun bir üst sokağında yaşıyordum. Sınav için her şeyim hazırdı. Enstrüman kısmı için piyanoda Beethoven çalacaktım, doğaçlama performans kısmı için dansım hazırdı, Almanca söyleyeceğim şarkının sözleri ve müziği bana aitti.

Sadece bu çabamı, eforumu ve adanmışlığımı göstermek için bile o son sınava girmeliydim. Beni orada bekleyen hocaları ve jüri üyelerini habersiz bırakıp endişelendirmemeliydim ve bana o kadar destek vermiş, koçluk yapmış Almanca öğretmenimi de zor durumda bırakmamalıydım. Yani aklı başında biri olarak o sınava girmem gerekiyordu.

Peki ya kazanırsam ne olacaktı? Zaten 10 yılımı tek bir binada geçirmiştim. Şimdi kendimi ilk defa özgür hissettiğim bir dönemde tekrar bir binadan içeri girecek ve yıllarca orada mı kalacaktım? Aklımdan geçenler tam olarak bunlardı. Bu harika okulun beni o yaz nasıl da özgürleştirdiğini, tanıştığım akademisyenleri, daha şimdiden öğrendiğim uçsuz bucaksız bilgiyi değil de beni kısıtlayacak öteki yanlarını görüyor ve kara kara düşünüyordum.

Final sınavına girmedim. Okulun kapısına bir özür mektubu bırakıp ilk trenle Viyana'ya gittim. İstanbul'dan en yakın arkadaşlarım Viyana Konservatuvarının Bale Bölümünün son sınıfını kazanmışlardı. Onların yanına yerleşerek bir süre Viyana'da kalacak ve kendime iş arayacaktım. Hemen ertesi gün, ortak dostumuz olan dansçı ve koreograf bir ağabeyimizin yönlendirmesiyle, Viyana'daki bir bale okulunda bale öğretmenliği işi için görüşmeye gidiyor hâlde buldum kendimi. Önüme bu kadar çabuk gelen bir fırsat için hazırlıklı mıydım acaba? Haydi bakalım, yine bir *konfor alanından çıkma*, yeni bir *kabına sığamama* durumuyla karşı karşıyaydım. Ve bu sefer durum gerçekten biraz ürkütücüydü.

Pekâlâ, Almanca konuşacağım, bale dersini Almanca vereceğim ve biraz sıkışırsam da azıcık İngilizce biliyorum!

Okulda benden bir deneme dersi vermemi istediler. Nasıl heyecanlıyım, yüreğim ağzımda atıyor. Saçlarımı topuz yaptım, bale mayomu, eteğimi giydim. Derste 14-16 yaş arası öğrenciler vardı. Ben de o sırada 20 yaşındaydım. Okulun sahibi oturduğu sandalyeden tüm dersi izledi. Almancamın yetersiz kaldığı zamanlarda çocuklar bana yardım etti. 60 dakika boyunca bildiğim her şeyi, bazen çok ciddi, bazen şakalarla, bazen destek isteyerek, tam olduğum gibi, yani kendim gibi gösterdim. Ve beni işe aldılar!

Yaz boyunca Viyana'daydım. Her şey gayet iyi gidiyordu. Kendimi ait hissettiğim, çocukluğumdan gelen iki arkadaşımla aynı evi paylaşıyordum. Sonra arkadaşlarımdan biri İstanbul'a geri döndü, diğeri de başka bir ülkedeki bale topluluğunu kazandı. Ben de en baştan başlayıp yurt dışında tek başıma bir hayat kurmaktansa annemin yanına, İstanbul'a dönüp orada bale öğretmenliği yapmayı sürdürmeyi seçtim.

BİR İNSAN ANCAK UMUDUNU YİTİRDİĞİ ZAMAN VAZGEÇER

Peki, İstanbul'a geri dönmekle tek başıma var olma, başka bir ülkede yaşama isteğimden vazgeçmiş miydim?

Vazgeçmek nedir?

Bir fikre olan inancını, inanma gücünü kaybetmek demektir. Ama yine de bu tek başına yeterli değildir. Bir insan ancak ve ancak umudunu yitirdiği zaman vazgeçer. Umut en zor, en başa çıkılmaz anlarımızın mutluluk hapıdır. Bir parça umut sayesinde, yıllarca süren tatmin duymadığımız bir işe, acı dolu bir hastalığa, keyifsiz bir evliliğe dayanabiliriz. Mum ışığı gibidir umut; ne kadar uzun süre aydınlatırsa insanın kalbini, o aydınlık için o kadar uzun süre savaşır insan.

Benim neredeyse tüm hayatımı şekillendiren bale öğrenimim; içinde müzik, drama, oyunculuk, liderlik, takım ruhu, hassasiyet, güç, adanmışlık, dayanıklılık gibi birçok farklı dengeyi barındırır. Beden, ruh ve zihin dengesi çok önemlidir. Baleye üç yaşında başladığınızda bu dengeyi üç yaşında bir beden, zihin ve ruhla deneyimlersiniz. Baleye 40 yaşında başladığınızda ise 40 yaşındaki bir beden, zihin ve ruh dengesiyle öğrenirsiniz.

Bale derslerimde öğrencilerimin anne-babalarının bana en çok sordukları sorulardan biri de şudur: "Çok severek geliyordu ama bir bacak açma hareketleri var ya, onu yapamadığı için artık gelmek istemiyor."

Bu benim için öyle kıymetli bir bilgidir ki! Böyle durumlarda hemen öğrencimle konuşmak isterim. Acaba canı acıdığı ya da acıyacağı için mi derse gelmek istemiyor yoksa bacaklarının yanındaki arkadaşı kadar açılmadığını gördüğünden, açılacağına olan inancı ya da kendine olan güveniyle ilgili gerçek kabul ettiği negatif düşüncelere mi sahip? Umudunu kaybetmeye ne kadar yakın? Yoksa balenin şu an onun için çok da eğlenceli olmadığını mı düşünüyor?

Eğer fiziksel açıdan kaçıyorsa halletmesi kolay. Duygusal açıdan kaçış varsa o zaman çocuğun kendine güven, kendi değerini bilme, yeterli olma duyguları üzerinde çalışmak lazım. Ama çocuk kendine daha eğlenceli ya da daha kolay bir seçenek arıyorsa o zaman daha çok bale yapabilmek için duyduğu istek yeterince kuvvetli değil demektir.

Şunu aklımızdan çıkarmamamız gerekir: Çocuğunuz istemediği hiçbir şeyi yapmak zorunda değildir! Hiçbirimiz değiliz. Yeter ki neyi, neden istemediğimizi bilelim.

Ben İstanbul'a dönmeyi seçtim çünkü arkadaşlarım gittikten sonra Viyana'da kalmak artık pek eğlenceli değildi. Ve hayatı kendim için yeniden eğlenceli hâle getirmek isteğim de yeterince kuvvetliydi. Ama Viyana'da değil, İstanbul'da!

VERDİĞİMİZ VE ARADIĞIMIZ DEĞERLERİMİZ NELER?

Geriye dönüp baktığımda, attığım her adımın, yaşamayı seçtiğim ya da kendimi fark etmeden içinde bulduğum birçok olayın beni daha sonraki yıllarda başıma geleceklere hazırlamak için olduğunu görüyorum. Belki de hepimiz için böyledir. Bazen heyecanla, bazen üzüntüyle, bazen de korku ve kızgınlıkla bir şeyler yapar ya da söyleriz ve bu, o andan itibaren olacak her şeyi yeniden, yinelenerek şekillendirir.

İşte bu yüzden, herkesin kendine özgü bir hikâyesi olmasını inanılmaz büyüleyici bulurum. Herkesten, her bir sözünden, anısından, hareketinden öğrenilecek o kadar çok şey var ki!

Bir arkadaşlığın kurulması üzerinden gidelim mesela. İki taraf için de o sırada en çok ihtiyaç duyulan duygular karşılıklı kesişiyor ve zaman içerisinde yaşanan zorluklar, güzellikler ve farklı deneyimlerle arada ya daha da güçlü bir iletişim devam ediyor ya da iletişimin etkisi zamanla azalıyor. Belki arkadaşlıklar bitmiyor ama araya mesafeler giriyor.

Bir diğer yandan da biz zaman içerisinde yaşadıklarımızla sürekli değişir ve dönüşürken, hayatımızın her döneminde farklı kişilik ve hikâyelere sahip kişilerle yeni arkadaşlıklar kuruyoruz. Bu bizim hem arkadaşlık, hem iş, hem de aşk hayatımızda aynı şekilde ilerleyen bir süreç. Ama hepimiz için ilk üçe girecek değerlerimiz ve ihtiyaçlarımız var ki onlar çocukluğumuzdan yetişkinliğimize kadar hiç değişmiyor.

Benim arkadaşlarım, dostlarım ve sevgililerimle kendimden yansıttığım üç değerim; açık kalplilik, yaratıcılık ve tutku olurken bana yansıtılmasına en çok ihtiyaç duyduğum değerler de aynen bunlar olagelmiştir.

Belki bilerek, belki bilmeyerek hayatımızı kendi değerlerimiz üzerinden yürütüyor, seçimlerimizi de zamanın getirdiği şekilde bu yönden yapıyoruz.

Tüm bu değerler, duygular üzerine lisedeyken düşünmeye başladım. Küçük notlar aldığım bir defterim vardı. Hayat yolculuğunda bana eşlik eden tecrübelerimi, arkadaşlarımı ve her birine neden şükran dolu olduğumu yazardım. Beni çok üzenler, arkasından çok ağladıklarım olurdu ya da haksızlığa uğradığımı düşündüğüm ve hakkımı arayamadığım durumlar.

Her ne olursa olsun bir süre sonra kendimi toparlayıp *ne öğrendim* bakış açısına geçerdim. Arkadaşlıklar, dostluklar tamam ama aşk hayatında işler az önce anlattığım gibi yürümüyordu. Benim en çok ihtiyaç duyduğum üç değerden bir tanesini tek kişide ancak yakalayabiliyordum. Yani ya ayna gibi yansıyan açık bir kalp ya her nefesinde üreten bir zihin ya da maceraperest ve tutkulu bir ruh...

Açık kalpli, yaratıcı ve tutkulu bir eş var mıydı acaba bu dünyada benim yolculuğuma eşlik edecek? Ya da ben, benim için vazgeçilmez olan bu üç değeri karşı tarafa ne kadar yansıtabilecektim?

KENDİNİ SEVMEK, BAŞKASINI SEVMEK

21 yaşındaydım. Ne kadar kişisel gelişim kitabı çıkarsa hepsini okuyordum.

Bir gün okuduğum kitaplardan birinde şöyle bir farkındalıkla karşılaştım: "Başkasından her ne beklenti içerisindeysen bunu sen, kendine vermediğin içindir."

Bir önceki bölümde bahsettiğim değerlerimizi düşünürsek pratikte şöyle sormalıymışım; "Benim en temel ihtiyaçlarım olarak öne çıkan açık kalplilik, yaratıcılık ve tutkuyu acaba kendimle olan ilişkimde ne kadar önemsiyorum?"

Yani başkalarına verirken oldukça cömert olduğumu düşündüğüm ve karşı taraftan da aynı cömertliği beklediğim bu değerleri acaba ben kendime hiç vermiş miyim?

Notlarımı yazdığım defterimi açıp okuyunca fark ettim ki kendimi sevmek üzerine yaptığım çalışmalar yok denecek kadar azdı. Ben daha çok başkalarını sevmek, kabullenmek ve şükretmek odaklıydım.

Peki, kendine şefkat göstermek, ne istediğini bilmek, istediklerini hak ettiğine inanmak neydi? Selen ne isterdi? Selen ne severdi? Selen nasıl bir ilişki isterdi hayatında? Kiminle olmak isterdi?

Çok düşünmedim. Aldım elime kâğıtla kalemi ve başladım yazmaya. Bitirdiğimde ideal eş tanımı listem 99 maddeden oluşmuştu. İyi bir baba diye başlıyor, güvenilir, şefkatli, hassas, anlayışlı, çalışkan, ailesine bağlı diye uzun bir liste hâlinde devam ediyordu.

Listeyi yazıp bitirdikten sonra kendimle bir yazılı bir de sözlü kontrat yaptım. Bu listedeki özelliklere sahip bir kişi karşıma çıktığı zaman ancak onunla evlenebilirdim çünkü o çocuklarımın babası olacak ve bize güvenli bir yuva kuracak kişiydi.

Yirmili yaşlardaki Selen için evlilik, ancak günün birinde çocuk sahibi olmaya niyetli partnerlerin gelecekteki çocuklarına huzurlu bir yuva sağlayabileceklerse yapmaları uygun olan bir anlaşmaydı. (Bu satırları yazdığı sırada kırklarına yaklaşan Selen içinse evlilik ya da partnerlik, hayatı birlikte kutlamak demek! Çocuklardan, aileden, işten, geleneksel yaptırım ve beklentilerden bağımsız; herkesin bir birey olarak kendisi ve hayatını paylaştıklarıyla bir bütün olmayı deneyimlemeye olan sürdürülebilir isteği demek.)

EVE DÖNÜŞ, EVLİLİĞE GEÇİŞ

Viyana'dan İstanbul'a döndükten sonraki üç yıl İstanbul'daki okullarda bale öğretmenliği yapıyor, şirket çalışanlarına ekip içi iletişim geliştirme ve Latin dansı dersleri veriyordum. Boş vakitlerimdeyse arkadaşlarımın ev partileri, gym, jazz kulüpleri ve evde PS araba yarışları dörtlemesinden oluşan renkli bir hayatım vardı. Bu sırada çok eğlendiğim ama çok yorulduğum ilişkilerim de oluyordu. En uzunu üç ay sürse de bana üç yılmış gibi gelen yoğunlukta yaşanıyordu duygular. İş hayatımla sosyal hayatım harika gidiyordu ama duygusal anlamda bitmiştim diyebilirim.

Bundan 15 yıl öncesinde, "Okulunu bitirdin, işin de tamam, artık evlenip anne olma zamanın geldi" baskısı çok yaygındı. Ne kadar modern bir ailem olsa da beni güvende tutma ve içlerini rahat ettirme dürtüleri, beni özgür bırakma arzularının önüne geçiyordu. Şu an bunu çok berrak bir şekilde anlayabiliyorum. Ama o yaşlarımda pek anlamıyor, geleneksel biçimde davrandıklarını düşünüyordum. Ayrıca kendi evim, kendi kararlarım olması fikri beni her şeyden çok heyecanlandırıyordu. Bunun da tek yolu evlilik değildi tabii ki!

Ben iş anlaşmalarında bile uzun süreli kontrat imzalamamak için saat ücretli çalışmayı seçen bir insandım. Ömür boyu sürmesi umut edilen bir anlaşmaya imza atmak benim için heyecan verici değil, özgürlük sınırlayıcıydı. Ama bir yandan da kendi çocukluğumda sahip olamadığım mutlu aileyi kurmak, şefkatli babasıyla birlikte büyüyecek çocuklar yetiştirmek istiyordum.

Güvenlik ve *özgürlük* arasında yaşadığım çelişki özellikle ikili ilişkilerde çok yorucu oluyordu. Ben de bir süre kendi kendime kalma ve hayatın tadını arkadaşlarımla ve ailemle çıkarma kararı almıştım ki kuzenim çok iyi dans *partneri* olacağımızı düşündüğü biriyle beni tanıştırmak istediğini söyledi.

(Bu satırları yazdığım sırada da yanımda altı yaşındaki dünya tatlısı kızım var. Babası bu aralar çok sık seyahat ettiğinden dolayı kızımla çok sık baş başa kalıyorum. Ev işleri, temizlik, yemek, okul, ödevler, çamaşırlar, oyun, uyku derken, gece 10-sabah 3 arası çalışıyorum. Sevdiğin işi yapınca uykusuzluk bile bir anda ekstra enerjiye dönüşüyor ama yine de çok zor. Buradan, tek başına çocuk büyüten, ailesinden uzakta çalışan herkesi kucaklıyorum.)

EVLENMEYİ SEÇMEK

Hikâyenin en heyecanlı yerinde kalmışım. Hemen devam ediyorum.

Müstakbel dans partneri adayıyla tanışma fikri bana müthiş gelmişti. Ne zamandır tango gösterileri yapacak bir partner arıyordum.

Ama içten içe de, acaba bu çocukla aramı mı yapmaya çalışıyorlar, diye düşünüp birlikte dans etme ihtimalimize şans vermemeyi düşünmüyor da değildim.

Kuzenim, "Cuma akşamı sizin bale topluluğunun oradaki tango gecesinde olacakmış, bir ara istersen" dedi. Ben de aradım. Telefonda tanıştıktan sonra tango gecesinde buluştuk.

İlk ay boyunca iş çıkışlarında sürekli buluşup dans ettik, konuştuk. İkinci ay birlikte tatile gittik. Üçüncü ay içinde nişanlanıp aynı eve taşındık ve o ayın sonunda da evlendik.

Farklı aile modelleri ve geleneklerinden yetişmiş olsak da herkes gayet uyumluydu. İkimizin de ailesi mutlu, bizim de keyfimiz yerindeydi. Türk geleneklerinin oldukça dışında kalarak, ev satın almadan, hem eşyasız hem de düğünsüz bir şekilde evlendik ki hikâyenin sadece bu kısmından ayrı bir kitap çıkar.

Türkiye'nin her bölgesinde farklı gelenek ve görenekler vardır. Kutlamalar ve yaslar bulunduğun şehre ya da ailenin etnik kökenine göre farklılık gösterir. Neredeyse tüm dünyayla ortak olan yaklaşımlarımızdan biri de *ataerkil koruyuculuk*tur. Yani, erkek yuvayı yapar; dişi süsler. Erkek evi kurar, bakımını üstlenir; kadın evi sıcak ve temiz, karınları tok tutar. Zaman içinde kadın da ev dışında işe gider çalışır, para kazanır olduysa da *evin direği* hâlen ve çoğunlukla erkek olarak görülür.

Din, dil, ırk, gelenek, görenekten akrabaların düşündükleri; ailelerin onayından devletin onamasına kadar uzanan, iki kişiden çok, başka herkesin bir şekilde söz ve yaptırım hakkının olduğu değişik bir süreçtir evlenme süreci.

Buna benzer şekilde çocuk doğurma süreci de yine çocuğun anne ve babası dışında birçok söz, fikir, kişi ve olayın etkisinde gelişir. Evliliğin ilk testlerinden biri de budur bence. Yani iki aile ateşi arasında kalmadan hem kendinin ve eşinin istediği gibi keyifli, hem de büyüklerine saygıda kusur edilmemiş bir kutlama gerçekleştirebildiysen, iletişimde doktora diploması almış kadar mertebe atlamış sayabilirsin kendini.

Evlilik öncesi ve evlilik süresince denk gelen bu testler âdeta hamilelik ve doğumda karşılaşacaklarınıza hazırlık gibidir. Genelleme yapmayayım da benim deneyimlediğim Türk aile yapısında böyleydi diyeyim. Siz kendi deneyimlerinizde benzerlikler buluyorsanız da orasına hiç karışmayayım. Aman diyeyim, bir de başka ailelerin iç içişlerine girmiş olmayayım şimdi!

Ben tüm bu gelenekleri, adap ve usulleri eşimle tanışıp evlendiğimiz üç ay içinde öğrenmiş, uygulamış, hem aile fertlerini hem de kendimizi mutlu kılmayı başardığını uman biri olarak derim ki: Gönüller bir olunca samanlık seyran olur! Sen yeter ki iste, her şey olur. Saygılı ol, sevgili ol ama önce kendine! Ne kendine, ne de karşındakine saygı ve sevgide kusur etme!

GÜNDE ÜÇ PAKET İÇTİĞİN SİGARAYI BİR SAATTE BIRAKMAK

Biz üniversiteden yeni mezun olmuş 23-24 yaşlarında iki genç olarak bir tango gecesinde tanıştık ve üç ay sonra evlendik. Ben birine kalpten verdiğim sözün, benim geleceğimi ilgilendiren bir kararın, beni tanımayan kişiler ve resmi makamlar tarafından onaylanma fikrini son derece anlamsız bulurken, eşim nikah, düğün, kına gibi törenleri geleneksel prosedürler olarak görüyor ve toplum kurallarını takip ediyor olma hâline başkaca bir anlam yüklemiyordu. O yüzden evlendiğimiz tarihi ikimiz de sürekli unuturken, ilk tanıştığımız ve ilk dansımızı yaptığımız tarihi hep hatırlarız.

İlk dans ettiğimiz gecenin sağlığımla ilgili bana muhteşem bir karar aldıran etkisi de olmuştu. O gece, benim günde ortalama üç paket içtiğim ve "çok severek içiyorum" dediğim sigarayı bir saatte bıraktığım geceydi.

Sigara içenler ya da herhangi zararlı bir şeye alışkanlığı olanlar çok iyi bilirler ki aslında 1 saatte bırakmak kolaydır ama üzerinden 11 yıl geçirmek; işte asıl budur kulağa zor gelen kısmı! Nasıl mı başardım? Hikâyesi şöyle:

16 Haziran 2007'de, tüm gün çalıştığım bale okulunun sene sonu gösterilerini yönetiyordum. Hatta ikinci perdede modern bir tango orkestrasıyla dans ettiğim kendi koreografim bile vardı. Hem çocukların gösterileri, hem kostümler, hem kendi dansım derken epey yoğun bir gün geçirmiştim ve eve geldiğimde çok yorgun hissediyordum.

O gece, telefonda söz verdiğim tango gecesinde müstakbel dans partneri adayımla buluşmaya gideceğim geceydi aynı zamanda.

Siyah, çiçekli bir elbise giymiştim. Ayaklarım o kadar ağrıyordu ki topuklu dans ayakkabılarımı giymeye hâlim yoktu, düşünün!

Dolgu topuklu, ortopedik tabanlı bir teyze ayakkabısı giyip çıktım evden. Saçlarım o zaman sarı, kıvırcık ve kısaydı. Hafif bir makyaj yapmıştım. Çiçek ve çilek karışımı kokan bir parfüm sürmüştüm. Hava sıcaktı ama bir yandan da tatlı bir rüzgâr esiyordu.

Tango gecesinin düzenlendiği mekâna geldim, kapıda durdum. Şöyle bir içeri bakınca, sanki yıllardır tanıyormuşum gibi gördüm onu. Hemen gidip yanına oturdum. Başladık konuşmaya. Nasıl da güzel anlaşıyorduk. Konu konuyu açıyordu, keyfimiz gayet yerindeydi. O kadar çok konuşuyorduk ki sıra dans etmeye gelemiyordu bir türlü.

Ben bir sigara yaktım ve ona da hemen, "İçer misin?" diye sordum. Hiç ikiletmeden, "Evet, içerim" demesini bekliyordum çünkü benim için -o zamanlar- sigara, içki içmeyen erkek çok enteresan bir tür demek oluyordu.

"Hayır!" dedi. "İçmiyorum, teşekkürler." Ama bunu söylerken suratında öyle tiksinmiş bir ifade oluşmuştu ki görmek istemezdiniz!

Hayatımda ilk kez, her çektiğim nefeste çirkinleştiğimi, koktuğumu, yaşlandığımı, hastalandığımı hissettim. 16 yaşından beri sigara içiyordum ve ilk kez sigara içtiğim için rahatsız olmuştum. Son sigaramı orada çabucak içip bitirdim. Eve dönünce de, canımın bir daha istememesi için, hissettiğim bu mide bulandırıcı duygu hâlini kendime sürekli hatırlattım ve bu yolla sigarayı temelli biçimde bıraktım.

TANGO

Biz evlendikten sonra bir de ne fark edelim? Meğer onun da benimki gibi bir listesi varmış. Nasıl olduysa artık, henüz 24'ümüzde birbirimizin 99 maddeye yayılan hayat arkadaşını bulmuştuk!

Gelecekteki çocuklarımıza iyi birer anne ve baba olabileceğimize inandığımız güzel bir eşleşme yapmamıza rağmen evliliğimizin ilk beş yılında çocuk yapma fikrinden uzak; seyahat eden, dans eden, opera ve bale gösterilerinin sıkı takipçisi bir çift olarak geçiriyorduk günlerimizi ve gecelerimizi. Kendi günlük işlerimizin yanı sıra akşamları ve hafta sonları birlikte tango dersleri veriyor ve hatta tango gösterileri yapıyorduk.

Uluslararası dans yarışmasında dünya ikinciliği kazanacak kadar gecemizle gündüzümüz tango olmuştu. Tüm dünyayı dolaşmak, her yerde tango gösterileri yapmak, dans dersleri vermek, yeni insanlar, yeni yerler görmek ne harika olurdu diye konuşsak da eşim işini bırakıp böyle bir maceraya atılmak istemiyordu. Ben de kendime yeni bir dans partneri bulup tek başıma böyle bir şeye kalkışacak kadar güçlü bir tango dansçılığı aşkı görmüyordum kendimde. Böylece bizim için uygun olacak bir yolu kendi isteğimizle seçmemiş olduk.

Hayat hep seçimlerden ibarettir diyorum ya! Geriye dönüp bakınca çok daha iyi anlıyor insan neyi, neden seçmediğini.

Tangonun benim için diğer tüm danslardan ayrı bir yeri olmuştu çünkü anneannem ve büyükbabamın balo salonlarında birlikte yaptıkları tango ve valsleri anlattıkları hikâyelerle büyümüştüm. Büyükbabam ve anneannemin birbirlerine olan aşklarına olan hayranlığım bir yana, ben hiç romantik olmayan, hatta romantizme maruz kaldığında nasıl tepki vereceğini bile bilmeyen biriyimdir. Romantik aksiyonlar, müzikler, filmlerle karşılaştığımda ansızın gülebilirim ya da çok duygulanıp ağlayabilirim. Demek istediğim, tango benim kalbimi; aşkın büyüsü, romantizmin sihri gibi bir noktadan fethetmemişti. Hayranlığım, tangonun insanlar arasında yarattığı iletişimin gücüneydi. Tangoda öyle muhteşem bir *sözsüz iletişim* vardı ki diğer tüm danslarda kurabildiğinden daha farklı bir bağ kurabiliyordun dans ettiğin kişiyle.

Tango, ortalama üç dakika süren, 20. yüzyıl boyunca üretilmiş bir müzik eşliğinde genelde çiftlerin birbirlerinden kontak alarak yürüme üzerine ilerlettikleri bir danstır. Yani tangoda öyle havalı hareketler, dönüşler, atıp tutmalar yoktur. Aşırı sarılma, vücutların kenetlenmesi türünden, birbirini tanımayan iki insanı tereddüde düşürebilecek bir yakınlaşma da içermez. Bilmediğiniz bir yolda karşıdan karşıya geçerken ya da bir kalabalık içinde ilerlerken birbirine rehberlik etmek gibidir tango.

Tango yapan insanları pistte uzun süre izlediğiniz zaman, eski tip bilgisayar işletim sistemlerinin ekran koruyucuları gibi bir etki yaratır insanın üzerinde. Herkes farklı bir enerji ve duyguyla, birbiriyle inanılmaz bir uyum içinde, sürekli biçimde yer değiştirerek sükûnetle ilerler. Dans eden için de izleyen için de günlük düşünce ve kaygılardan insanı arındıran bir etkisi vardır.

Tangoya yirmili yaşların başında merak saldığımda bu danstan beklentim doğru partnerle uyumu yakalamaktı. Yani daha önce hiç tango yapmamış ama dansın diğer dallarında profesyonelleşmiş bir dansçı olarak, tango benim için dansın ustalaşmam gereken bir başka alanıydı. Bir an önce kendime en uygun partneri bulacak, gece gündüz çalışacak ve hayalimdeki tangoyu tutkuyla yapacaktım.

Tango bizi eşimle buluşturan, yollarımızı birleştiren dans oldu. Evliliğimizi besleyen, en zor zamanlarımızda bizi birbirimize hatırlatan, ilerleyen yıllarda, kızımızın hastalığı sırasında hastane odasında bile bizi iyileştiren bir işlev edindi hayatımızda. Bunun en büyük sebebi tangonun aramızda iletişimi yücelten bir enerji yaratmasıydı. Bu enerjinin iyileştiren gücüne hem kendi yaşantımızda hem de verdiğimiz dersler aracılığıyla başkalarının hayatlarında tanıklık etmeye devam ettik.

Bir akşam grup çalışmamıza eşiyle birlikte düzenli olarak katılan Parkinson hastası bir öğrencimiz bir saatlik dans dersini tamamlamış ve hatta giderken bastonunu salonda unutmuştu. Beş dakika sonra eşi otoparktan geri dönmüş, yüzünde şaşkınlık ve hayranlık dolu bir ifadeyle, "Beş yıldır ilk kez kocamın bastonunu unutacak kadar kendinden emin ve güçlü hissettiğini görüyorum" demişti. Seksenlerindeki bir vücuda yirmilerinde hissettiren bir enerji vermek!

İşte dönüşüm burada başlıyor. Kişinin kendisine neşe olmasıyla!

KENDİNİ PEK SEVMEMİŞ OLMAK

25 yaşındayken bir seminere katıldım. 2000'lerin başlarında duyulmaya ve etkisini göstermeye başlayan kişisel gelişim eğitimlerinden biriydi. 3 aşamadan oluşan eğitimlerin her biri ortalama 5-7 gün sürüyordu. Birinci aşamadan birkaç ay sonra ya da yıllar sonra da katılmak mümkündü diğer aşamalara. Ne zaman hazır hissedersen. Bir dayatma yoktu ama gidenlerin birçoğu, hayatlarına yön verecek kararlar alıyor, uzun zamandır cesaret edemedikleri aksiyonları al-

mak üzere yeni keşiflerde bulunuyor ya da en basitinden kendilerine ve sevdiklerine verdikleri değeri gösterebilir hâle geliyorlardı. Yani seminerler katılımcının kendisine dışarıdan bakmasını ve hayatının iplerini eline almasına yardımcı oluyordu.

Bu eğitimden çok keyif alacağım ve ilgimi çekeceği bana söylendiğinde tam aksini düşünmüştüm. Aklımda şu tip düşünceler dolaşıyordu: "Tam da hayatımı düzene koymuşum, yeni evlenmişim, işim, sağlığım yerinde; şimdi hiç aklımı bulandırmayayım!" Yani, bu psikanaliz yolculuğuna, geçmişine dön bak, çocukluğuna in, kendinle tanış falan gibi şeylere o an hiç ihtiyacım yoktu ama bir yandan da gitmek istiyordum. Peki, madem öyleydi, o zaman sırf merak ettiğim için giderdim ben de. Başkalarının tecrübelerinden, paylaşımlarından çok güzel şeyler öğrenirdim, yeni arkadaşlar da katardım hayatıma. Tamam dedim, ben sosyal alanda bir seminer olması sebebiyle katılacağım buna. Yoksa gayet memnundum hayatımdan.

İçimin en derinlerinde korkular ve dirençler vardı tabii, sessiz sessiz kendini gösteren. 15 yıl aradan sonra sadece nikâh töreninde gördüğüm bir babam vardı mesela. Kalbim kırıktı. Böyle kırık kalsın istemiyordum ama içimdeki üzgün çocuğu da teselli edemiyordum.

Bale eğitimimi tamamlamış olmama rağmen, o yıllardan kalan gücenmişliklerim vardı mesela. Artık bir önemi kalmamıştı belki ama bunlar hâlen kendimi güçsüz hissetmeme sebep oluyordu. Eski erkek arkadaşlarımdan, ilişkilerimden bu yana taşıdığım güvensizliklerim vardı. İstediğim, güvendiğim insanı bulmuş ve evlenmiştim. Birbirimizi seviyorduk ama bir gün beni bırakıp gider mi, diye korkularım vardı. Vardı da vardı yani. Ama sorduklarında, "Seminere, hiçbir şeye ihtiyacım yok, keyfim gayet yerinde, her şey yolunda!"

Hani insanın hayatında iyi ki gitmişim, iyi ki yapmışım, iyi ki tanışmışım dediği yerler, durumlar, kişiler vardır ya! İşte benim için de bu seminerler ve eğitimler dizisi tüm hayatıma ve gelecekte vereceğim kararlara yön verecek aksiyonların başlangıcı oldu diyebilirim. *'İyi ki'lerim*in en başlarında yer alıyor.

Seminerin ilk etabında benimle birlikte salonda 50-60 katılımcı daha vardı. Bizim dışımızda ortalıkta 20-30 kişi daha vardı ki onlar da seminerde görevli asistanlardı. Kimse birbirini tanımıyor veya tanıyorsa da sadece çok resmi bir iletişim dili kullanılıyor gibi gözüken bir kalabalığın içindeydim. Ne bekleyeceğimi, ne olacağını bilmeden, tamamen kendi kontrolümle geldiğim ama kontrolümün dışında kaldığım, kendime yabancı yepyeni bir histi bu içine düştüğüm.

Dört gün boyunca her akşamüstünü gece saatlerine kadar o mekânda geçirdiğim, bir an olsun sıkılmadığım, kendimle yeniden tanıştığım muhteşem bir deneyim olmuştu benim için. Her anı, her aşaması ayrı güzeldi. O seminerler beni dönüştürmüş, benden yeni bir Selen yaratmıştı.

KENDİME SORU: SENİ MUTLU ETMEK İÇİN NE YAPABİLİRİM?

Seminerin ilk gününün son bir saatinde hepimiz yorgun, şaşkın, mutlu, meraklı ve karmaşık duygular içindeydik. Kısa bir meditatif çalışmayla gözlerimizi kapatıp sakin bir nefes alışverişiyle *bir yerlere* gidecektik.

Bedenim seminer odasında rahatlarken zihnim beni bir deniz kenarına götürdü. Kıyıda oturuyorum, dizlerimi kendime çekmiş sessizce ağlıyorum. Sahil, Japon korku filmlerinden bir sahne âdeta; mavi-siyah dalgalar, dev sivri kayalıklar, irili ufaklı taşlar, hava soğuk, karanlık, kum yok, güneş yok...

Upuzun bir kıyıda ince, askılı bir elbiseyle oturuyorum. Saçlarım kısa, sarı, ıslak; ağlamaktan makyajım akmış. Ve biri daha var, yalnız değilim. Önümde, ayakta durmuş ellerini göğsünde kavuşturmuş. Pek sevimli biri değil, ayağıyla beni itekliyor, sabırsız ve öfkeli bir tonda konuşuyor: "Hadi, ayağa kalk! Yeter burada oturup ağladığın, gücünü topla. Çocuk gibi ağlamanın sana bir faydası yok, kendini küçük düşürüyorsun. Nasıl da zavallı göründüğünün farkında mısın, kalk dedim sana!"

Gözyaşlarımı silip nefes almaya çalışıyorum ve kısık sesle soruyorum: "Daha ne yapabilirim seni mutlu etmek için? Beni beğenmen için ne yapmalıyım? İyi biriyim, çalışkanım, yardımseverim; daha ne istiyorsun? Neden beni sürekli yargılıyorsun? Neden beni sevmiyorsun?"

Karşımdaki benim boylarımda, kahverengi saçlı, hapishane gardiyanı gibi giyinmiş bir kadın. Elinde bir sopa, silah veya kılıç yok fakat can yakan sözcükleri var. Başımı kaldırıp kadının yüzüne bakıyorum. Bu acımasız, delici bakışlarıyla yerde oturan çaresiz Selen'e emirler yağdıran kadın, benim!

Hani derler ya insanın en büyük düşmanı kendisidir. Aynen öyle bir durum! Kendini kendine beğendirmeye, sevdirmeye çalışan Selen'i kucaklamak isteğiyle gözlerimi açtığımda seminer odasında buluyorum kendimi ama sanki haftalardır uyumamışım gibi bir yorgunlukla.

Çocukluğumdan o güne babamdan, bale öğretmenlerimden duyduğum her şeyin katbekat artmış yansımalarını ne zamandan beri kendime söylüyordum acaba? İlk ne zaman kendimi bu kadar acımasızca eleştirmeye başlamıştım?

Bir an önce eve gitmek istiyordum. Eve gidecek, bütün çocukluk albümlerimi çıkaracak ve oradaki tüm Selenlerden özür dileyecektim! Seni seviyorum, seninle gurur duyuyorum diye haykıracaktım.

KENDİMİ SEVMEMİN İLK GÜNÜ

Eve bir ruh gibi gittim. Eşim kapıyı açtığında, "Bu seminerin sana iyi geldiğini düşünmüyorum, bence yarın gitme" dedi. Hayır, bu seminer bana hiç olmadığım kadar iyi geliyordu ve ben yarın gitmek için sabırsızlanıyordum.

Yalnız kalmak istediğimi söyleyip yatak odamıza gittim. Fotoğraf albümlerinin durduğu kutuyu odanın ortasına döktüm ve bebeklik fotoğraflarımdan o güne dek tüm görüntülerime tek tek baktım. Kendime aklımdan ilk geçen cümleleri sordum. O gardiyan kılıklı kafa sesim neler diyordu acaba ben bu fotoğraflara bakınca? Sakince dinledim.

Foto 1: Beş yaşındayım, aile tatili. Yanaklarım tombik, göbeğim var, elimde karpuz.

"Nasıl da kilo almışım ama hâlâ elimde karpuz. Ye kızım ye, evde ne varsa ye!"

Foto 2: Babamla birlikte çekilmiş. 3-4 yaşındayım. Ağlıyorum.

"Şımarık bir çocuktun zaten. Kim bilir neye ağlıyorsun bu fotoda!"

Foto 3: Bale gösterisi öncesi annemle birlikte poz vermişiz. 9 yaşındayım, annem gülmüş, ben gülmemişim.

"Annen bu fotoğrafı görse çok üzülür. O nasıl da güzel gülümsemiş, sen yine somurtmuşsun."

Her fotoğrafta böyle duyuluyordum. Tek tek hepsini düzelttim. Kendime farkında dahi olmadan yönelttiğim tüm suçlamaları, tüm yargılamaları, tüm eleştirileri teker teker düzelttim.

Hayatımda ilk kez kendime anlayışla, şefkatle, sevgiyle yaklaşıyordum. İlk defa kendimi takdir ediyor, başardıklarımla gurur duyuyordum.

O odanın ortasında saatlerce ağladım. Bu sefer mutluluktan! Kendime koyduğum sınırları, engelleri kaldırmanın mutluluğundan. *Gardiyan Selen*'e de teşekkür ettim. Beni güçlü kılmak için olan çabasından, beni korumak için olan sert disiplini ve baskısından ötürü. Ve aynanın karşısına geçtim; hayatımın ilk ayna sürecini gerçekleştirmek üzere. Dimdik durdum. Çenem yukarıda. Güçlü bir gülümsemeyle. Gözlerimin içine, en derinine baktım. İçten bir teşekkürle, gururla, anlayışla, şefkatle. Ve kendime söz verdim. Şu an yeni bir gün başlıyordu ve benim kendimi sevmeye başlamamın ilk günüydü. 21 yaşındayken kitaplardan okuyarak fark ettiğim kendime şefkat gösterme yolunda, şimdi ikinci seviyeye geçmiştim. Uzun yıllar daha farkındalıklarla dolu geçecekti belki ama beni ben yapan yol da işte bu farkındalıkların ta kendisiydi.

ESAS ÖZGÜRLÜK İNSANIN İÇİNDEKİ SINIRLAYICI İNANÇLARDAN KURTULMASIDIR!

Sabah olup seminere gittiğimde hayatımdaki tüm kırgınlıkları teker teker kucaklamaya kararlıydım. Esas özgürlük insanın kendi içindeki sınırlayıcı inançlardan kurtulmasıydı. Hayat birilerine suçlamalar yöneltmek değildi. Hayat sitem etmek değildi. Beni kırdın, beni üzdün, beni incittin demek değildi! Ben senin yaptıkların ve söylediklerine kırılarak, üzülerek cevap vermeyi seçtim ve bu kırgınlığı, üzüntüyü sürdürmek de benim seçimimdi, diyebilmekti. Bana böyle hissettirdin diye karşı tarafı suçlamak hiçbir şeyi çözmüyor aksine uzun uzadıya devam eden bir huzursuzluk halkası yaratıyordu.

Eğer siz de günlük iletişimlerinizde bu cümleyi kullanıyorsanız dikkat edin. Olaya bir tek kendi tarafınızdan baktığınızı, olayı kurban olma hâlinden gördüğünüzü ve enerjinin sadece başkasını suçlama üzerinden işlediğini göreceksiniz. Ve bunu değiştirmek sizin elinizde!

Babamdan başlamalıydım. Evet, çocukluğumu geri getiremezdim. O yıllardaki şiddetin dozunu azaltıp şefkatin dozunu arttıramazdım. Ama kırgınlığımı anlayışa dönüştürebilirdim. Kabullenmek zorunda değildim ama geçmiş gitmiş bir şey için de hâlen kırgın, incinmiş olma hâlini sürdürmemin bir faydası yoktu.

Babam kendi ailesinden, okulundan ya da etrafında gördüğü yöntemlerden harmanladığı en iyi şekilde beni yetiştirmek istemişti. Kendi kendime şunu tekrarladım: "Babamın öfke kontrolü ve çocuk yetiştirme metotlarına takdir edilecek bir yan bulmaya çalışmıyorum, sadece beni ağlatmak, üzmek ya da incitmekten özel bir zevk aldığına inanmayı seçmiyorum."

Aynen böyle dedim. Bu söylediğimi de tüm zihnimle kabul ettim. Ve bir dinginlik, huzur kapladı kalbimi.

"O andan itibaren babamla gerçekten bir baba-kız olmuştuk âdeta; güven ve şefkat, hayatımın her yerini sarmalamıştı..." diye devam etmiyor hikâyenin gerisi.

Benim kalbimdeki huzur ve dinginlik kendi seçimlerimden kaynaklanıyordu. Bu seçimin bir yansıması olarak da babama telefon ettim ve ondan özür diledim. Yılda bir kere bile konuşsak bugüne dek her konuşmamız benim sitemlerime ve onun suskunluğuna tanıklık ederdi.

Ama bu defa farklıydı.

"Senden özür dilerim" dedim. "Beni sevdiğini biliyorum. Senin bir parçanım. Ve ben de seni seviyorum. Sürekli sana sitem eden, hatalarını yüzüne vuran, öyle yapmadın, böyle yapmadın diyen bir insana ne diyebilirsin ki? Kendi doğrularınla bana iyi bir ebeveyn olmaya çalıştığını anlıyorum. Her şey için teşekkür ederim. Bundan sonra, benden sana kırgınlık yok. Ama yine de görüşmemeyi seçersen seni anlarım."

İlk kez birbirimize bu kadar bağlandığımız, birbirimizi dinlediğimiz, anladığımız bir konuşma geçmişti aramızda.

Ona 16 yaşımdayken yazıp gönderdiğim kırgınlık ve acı dolu mektubumun her bir kelimesinin çok doğru ve her bir doğrunun da çok acıtıcı olduğunu anlattı bana. Pişmanlıklarla dolu günlerini nasıl geri getiremediğini ve bu durumu düzeltmek için ne yapması gerektiğini de bilemediğini. En güzeli, en kolayı olarak uzak kalmayı seçtiğini ama içten içe de beni özlediğini...

Bu kavuşmanın ardından biz yine yılda bir-iki defa konuştuk. Ben onun doğum gününde onu aradıysam da o doğum günlerimde beni hiçbir zaman aramadı. Babam beni genel olarak pek aramadı. Ama ben onu aradığım her zaman benimle konuşmak için orada, heyecanlı, hazır, istekli ve özlemliydi. Yaşadığı şehre yakın iş seyahatlerim olduğunda hep onunla buluşmaya gittim. Belki iki-üç saat oturup konuştuk ama her seferinde iki-üç yıl görüşmememizin hasretini giderdik.

Bu beş günlük seminer bana çocukluğumu ve babamı hediye etmişti! Hayat, kalbini neşeye açan herkese karşı oldukça bonkördü.

İNANDIĞIN KİŞİ OLMAK

Bale izlediğimiz akşamlardan birinde eşimle birlikte bir şeyler içmeye gittik. Bir yandan eser hakkında konuşuyor, diğer yandan da 'Türkiye'nin Klasik Müzik Dergisi' sloganlı *Andante*'deki bale haberlerine bakıyorduk. Ben anlatıyorum; dekoru şöyle güzeldi, ışık bazı sahnelerde yetersizdi, Rus besteciye İtalyan tekniği ilginç olmuş, şu dansçıya yeterince şans verilmemiş, bu dansçı çok güzel dans etmiş... Eşim, "Ne kadar çok şey biliyorsun, çok araştırıyorsun, güzel de anlatıyorsun, sen bunları dergide, gazetede yazsan, herkes okusa daha güzel olmaz mı?" dedi. Evet, çok güzel olurdu. Ama ben yazar değildim. Hem de gençtim. Nasıl olacaktı da yazılarım yayınlanacaktı?

Derginin genel yayın yönetmeni, sevgili Serhan Bali'ye gönderdiğim ilk e-postanın üzerinden bugün 11 yıl geçmiş ama dün gibi hatırlıyorum.

Açık kalplilikle neden dergide yazmak ve ne paylaşmak istediğimi anlattığım tatlı, samimi bir yazıydı. Hiçbir beklenti içerisinde olmadan, sadece kalbimden geçenleri paylaştığım hâlde içten içe de, "İlginize teşekkür ederiz, bizim kendi yazarlarımız var, ileride haberleşmek üzere..." şeklinde bir yanıt alacağımı düşünüyordum ve bu yanıtın da bir hafta, on gün sonra geleceğini varsayıyordum. Tüm olumsuz öngörülerimi boşa çıkarır şekilde, bir saat içerisinde e-postama dönüş almıştım. En kısa sürede, son izlediğim bale gösterisiyle ilgili yazımı bekliyordu.

Her şey böyle başlamıştı. İlk eleştirimi; müzik, libretto, koreografi ve kadro üzerine araştırmalar, görüşmeler yapıp notlar hazırlayarak beş günde ancak tamamlayabilmiştim. Sonrasında bir düzene oturunca ve artık aylık yazılar göndermeye başlayınca kalemime olan inancım kendi içinde bir pratiğe ve güvenli bir zemine yerleşmeye başladı. Sonraki yıllarda, öyle günler geldi ki artık dergideki köşemin adını belirliyor, yayın kurulunda yer alıyor ve ödül törenlerine jüri olarak davet ediliyordum.

KATLANMAK

Tüm bu davetler, törenler devam ederken bir yandan da ben anaokullarında ve ilkokullarda bale öğretmenliği yapmayı sürdürüyordum. Çocuklar benim canımdı. Onlarla geçirdiğim her bir saat benim için milyonlarca saat mutluluk demekti.

Anaokullarında branş öğretmeni olarak çalışmak çok güzeldi ama bir yandan da akıl almaz biçimde zordu. Anaokulu müdürleri ve velilerin minicik çocuklardan beklentilerini şimdi burada uzun uzun anlatmak istemiyorum. 3-4 yaşındaki çocukların tek bir çizgide bir dakikadan fazla durması bile mucizeyken bir saat süren sene sonu gösterileri için tüm yıl çalıştırılırlar. Kostümlerden koreografiye, performansları tam bir şölen olmalıdır. Her çocuk tek tek fotoğrafı çekilebilecek kadar sahnede gözükmeli, kimse kimsenin gölgesinde kalmamalıdır.

Bazen öyle müdürler oluyordu ki öğretmenlere hakarete varan sözler söylüyor, velilerin beklentilerinin tetiklediği finansal streslerini öğretmenlerinden çıkarıyorlardı. Biz de özellikle genç öğretmenler olarak bu davranışlara sene sonuna kadar katlanıp, bir sonraki yıl başka bir okulla çalışıyorduk. Ama bir defasında öyle bir şey olmuştu ki, hayatımda ilk kez okulu senenin ortasında bırakmak istemiştim!

Türkiye'nin hayli köklü anaokulu-ilköğretim okulu zincirlerinin başında gelen bir kurumda, bale ve dans bölümü başkanı olarak çalışıyordum. Dördüncü yılım olduğu için artık okulun kıdemli öğretmenlerindendim. Anaokulunda benimle bale ve dans derslerine başlayan çocuklar büyümüş, ilköğretimdekiler de ortaokula geçmişti. Haftada 18 saat çalışıyor, yılda 6 gösteri hazırlıyordum. 100'den fazla çocuk için en az 20 tane koreografi ve sahne düzeni yaratıyordum. "Çocuklarım" dediğim öğrencilerim vardı. Çok mutluydum.

Bir gün kurumun yeni atanan anaokulu müdüründen bir telefon aldığım sırada, İstanbul'daki özel bir üniversitenin öğrencilerine, sanatın iyileştirici gücü üzerine seminer vermek üzere yoldaydım. Müdire Hanım telefonda, "Bir saat içinde veli toplantısı var, acaba sen neden hâlen okulda değilsin?" dedi. Ben de özür dileyerek, geçen hafta yapılması gereken toplantının ertelendiğini bildiğimi ama bugüne ertelendiğine dair bir bilgim olmadığını söyledim. "Hemen telefonu kapat ve buraya gel!" dedi. "Seni yarım saat içinde burada, ofisimde görmek istiyorum!"

Telefon konuşmamızda sansürlenmesi gereken birkaç kelime daha sarf ettikten sonra konuşmayı sonlandırdı. "Bu söylediklerinizin kabul edilir bir yanı yok, ne yazık ki bugün gelemeyeceğim, pazartesi görüşmek üzere" diye yazdığım bir e-posta gönderirken, pazartesi günü okula gittiğimde sansürlenmesi gereken kelimelerin daha da fazlasını doğrudan yüzüme söyleyeceğini tahmin etmemiştim.

Hafta başı okula gittiğimde ilk işim anaokulu müdiresinin odasına gitmek oldu. Hafta sonu yaşanan yanlış anlaşılma için özür dileyip bir sonraki veli görüşme tarihi belli oldu mu diye soracaktım ki kapıyı arkamdan kapatıp açtı ağzını, yumdu gözünü. Gözünüzün önünde nasıl bir kadın canlandı bilmiyorum ama merak ettiyseniz bana ve diğer herkese bu şekilde davranan kişi, otuzlarında bir kadındı.

Ağlayarak odasından kaçarcasına çıkıp kendimi ilköğretim müdürünün odasına attım. Yaşanan her şeyi tek tek anlatıp şikâyet dilekçesi yazmak istediğimi söyledim. Şikâyet dilekçem kabul edildiyse de kişi hakkında herhangi bir soruşturma açılmadığı gibi benden özür dileyip her şeyi tatlıya bağlamak için de bir şey yapılmadı. O şekilde okula gidip gelmeye devam ettim. Birkaç ay sonra müdireyi görevinden aldılar çünkü benden sonra herkes tek tek şikâyet dilekçesi vermişti.

Buna çok benzer başka bir *mobbing*'i bir yıl sonra öğretim görevlisi olarak davet edildiğim Antalya'da yaşadıysam da o kadar güçlü bir sinir sistemi geliştirmiş olmalıyım ki bu defa benim üzerimde yıkıcı ya da üzücü hiçbir tesiri olmadı.

YİNE, YENİDEN, YENİ BİR DÜZEN

Eşimin askere gitmek zorunda olmasıyla aynı anda bana yapılan bir iş teklifi hayatımızı daha önce görmediğimiz bir yöne doğru sürüklüyordu.

2009 yılında Akdeniz Üniversitesi Devlet Konservatuvarı'na lise ve üniversite bale öğretmeni olarak davet edildiğimde, Türkiye'de sanat eğitimi birçok kurumda kendini tekrar eden bir yapıda devam ediyordu. O yıllarda aldığım notlarımda durumu şöyle özetlemişim:

"Mekânlar yetersiz ve eğitime uygun koşullar sağlanamıyor, yeni mekân temin edilemiyor. Mevcut binaların bakım onarım çalışmaları yapılmıyor, sanat binaları kaderine terk edilmiş durumda. Eğitmenler ve öğrenciler arasında usta-çırak ilişkisi, gerektiği gibi kurulmuyor. Bilgi alışverişi kısıtlı kalıyor. Tüm bunlar, içinde bulunduğumuz dönemin uzun süredir devam eden gerçekleri. Fakat bir çocuk nasıl anne babasını model alıyorsa bir sanatçı adayı için de hocası örnek teşkil etmektedir. Eğitmen, katıldığı sanat etkinlikleri başta olmak üzere hayata bakış açısı, meslektaşlarıyla olan ilişkileri, dünya görüşüyle öğrencisi için yol gösterici olmalıdır. Hiçbir koşul, küçük bir çocuğun geleceğini şekillendirmede başoyuncu niteliği taşıyan bir sanat eğitimcisi için bahane kabul edilemez! Bu hayati bir görev olmalıdır. Emanet edilen, bilgiye ve sevgiye ihtiyaç duyan ışıl ışıl bir çocuktur. Umduğumuz gibi çıkmazsa iade edilecek bir ürün değildir!"

İşte bu tasvir ettiğim çıkmazlarla çevrili eğitim sisteminin içerisine, İstanbul'daki evimi, işimi ve düzenimi bırakıp bir akademisyen olarak geri dönmüştüm. Eşim önümüzdeki altı ay boyunca askerdeydi. Ben de Antalya'da anneannemin evine, yani bebekliğimin, çocukluğumun yaz tatillerinin geçtiği eve taşınmıştım.

İki odalı bir evdi. Oturma odasına yerleşmiş, kanepeyi yatağım, hemen önündeki sehpayı da çalışma masam yapmıştım. Sadece bir bavul dolusu giysi getirmiştim yanımda. Geriye kalan her şey, tüm eşyalarımız depodaydı. Eşim askerden gelip istediği gibi bir iş bulabilirse ev tutup yeniden düzen kuracaktık. Olmazsa da başımızın çaresine bakacaktık artık. Hayat bizi nereye götürürse...

Anneannem olağanüstü bir kadındı. Nezaket, hoşgörü, sevgi ve şefkatin vücut bulmuş hâliydi adeta. Onunla birlikte geçirdiğim her bir saniye hayatı sevgiyle kucakladığım bir hediyeydi bana.

MUCİZEVİ SABAH RUTİNİ

Ben kendime anneannemin evinde öyle bir yaşam kurmuştum ki yetişkin bir öğretmen aklıyla sadece kendinden mesul genç bir kadın olma hâli bir aradaydı. Ve muhteşemdi! Her sabah beşte uyanıp günlük olumlamalarımı söyleyerek yoga yapıyor; maydanoz-limon suyu karışımlarımı içiyor; cevizimi, elmamı yiyip üniversiteye doğru yürüyüşe çıkıyordum. O aylarda her gün uygulamaya başladığım bu sabah rutini hayatım boyunca sağlıklı ve fit bir yaşam sürmeme öncülük etti.

Okula öğrencilerim de benim gibi erken gelir olmuştu. Birlikte çalışmaya, öğrenmeye, paylaşmaya doyamıyorduk. Gün içindeki ders saatleri bize yetmiyordu. Üniversitenin bahçesindeki koruda koşuyor, nefes egzersizleri, pilates ve yoga yapıyorduk. Kısa sürede sadece benim öğrencilerime değil tüm bale bölümüne hatta tiyatro ve müzik bölümlerine kadar yayılan bir motivasyon ve istek kendini göstermeye başlamıştı.

Okula girerken beni oraya davet eden üst yönetim bana bu binadaki memuriyet sistemine adapte olup olamayacağımı sorduğunda, "Tabii olurum!" demiştim, "Hiç geç kalmam, saygılıyımdır ve çok çalışırım."

Ama şunları eklemeyi unutmuştum: *Hep daha iyisini arzularım. Boş duramam. Sürekli bir şeyler yaratırım. Kuralları daha iyiye doğru değiştirmeyi ve daha önce cesaret edilmemiş aksiyonlar almayı severim. Yani gelişime, dönüşüme açıksanız tam aradığınız kişiyim. Değilseniz kadroya almak isteyeceğiniz en yanlış adayım...*

Hakikaten de ne okuldaki üretken eğitmenliğim, ne başarıyla geçtiğim tüm akademik sınavlar, ne de görev süremi tamamlamam, devletten kadromun gelmesi için yeterli olmamıştı. Benim orada işime devam etmemem için ne gerekiyorsa hayat tek tek karşıma getiriyordu.

Eşim askerden dönmüş, Antalya'da iş bakıyordu. Benzer karaktere sahip biri olarak o da benimkilere benzeyen zorluklardan geçiyordu. İkimiz de uzun ve ısrarlı denemelerimizin ardından aslında yapılacak en güzel şeyin İstanbul'a geri dönmek ve daha çok seyahat edeceğimiz, öğrenme ve bilgiye olan aşkımızı besleyeceğimiz başka bir formatta yaşamanın yollarını aramak olduğuna karar verdik.

Vazgeçmek de bir seçimdir dediğimi, Viyana dönüşümden hatırlarsınız. İşte burada hayat bir kez daha ama bu defa sadece bana değil bize, *başka bir yol mümkün* diyordu. Biz de İstanbul'a geri döndük.

Ben özel bir bale ve dans stüdyosu açtım ve Antalya'da yaşarken de ara vermediğim yazarlığımı sürdürdüm. Eşim de eski şirketine geri döndü.

BEBEK NE ZAMAN?

Eylül 2011'e dek, "Ee, bebek ne zaman geliyor?" sorularını, "Kısmet, hayırlısı..." diyerek geçiştirmiştik. O tarihe kadar bol bol gezdik, gördük, okuduk, yedik, içtik.

Bir aylık hamile olduğumdan henüz haberim yokken, basından meslektaşlarımla birlikte Viyana'da iş gezisindeydim. İki gece üst üste muhteşem bir gençlik filarmoni orkestrası konserine davetliydik ve ben yanımda götürdüğüm hiçbir pantolonu düğmelerini açıp gömleğimi üzerine çıkarmadan giyemez hâle gelmiştim. Yediğim her şeyin midemi bulandırdığı, karnımı şişirdiği çok enteresan bir hafta geçiriyordum.

İstanbul'a döndüğümde yaptırdığım test sonucunda hamile olduğumu öğrenince hayat rutinimiz hemen değişmedi. Çok şükür sağlıklı bir hamilelik dönemi geçirdim ve o kırk hafta boyunca ne bale öğretmenliğimden ne de tango gecelerinden geri kaldım. Tabii ki yoruluyordum ama her şeyden öte, aktif ve sosyal olmak bana iyi geliyordu.

Maydanoz ve limona aş erdiğim hamilelik dönemim boyunca sokakta gördüğüm tüm yeni bebekli annelere aynı soruyu sordum: "Şimdi, bir kez daha doğum yapacak olsanız neye çok önem verirsiniz? Geriye dönebilseniz neyi değiştirirdiniz? Yani bana vereceğiniz altın değerinde tavsiye nedir?" Aldığım cevaplar birbirine çok benziyordu: Başkalarına takılmayacaksın, bebeğini kucağına almanın keyfini çıkaracaksın!

Yeni doğum yapacakları bekleyen en büyük tehlikenin *yakın çevre* olduğunu söylesem size? Evet, bunun çok iddialı bir söylem olduğunun farkındayım! Ama benim ve birçok annenin de yaşadığı üzere, bu en mutlu günlerimizde bize yardım etmek isterken mutsuz olmamıza sebep olanlar maalesef genellikle en yakınlarımız oluyor.

SEVİNÇLERİNİZİ ÖTELEMEYİN!

Hamile kaldığımı öğrendiğimde ilk düşündüğüm şey, çocuk sahibi olmak istemelerine rağmen bu isteklerine kavuşamayan arkadaşlarım olmuştu. Bu yüzden kendi hamileliğime sevinmeyi nasıl da ötelemiştim... Bugün o hassasiyetimi sorgulasam da hissettiğim tam olarak buydu.

Bağlanmak, kabullenmek, doğal süreci yaşamak, akışta kalmak, anda olmak ve doğal doğum ritüelleri başta olmak üzere hamileliğim süresince birçok kitap ve makale okuyup eğitim ve kurslara katıldım. Önceliğimin bebeğim ve ben olması için kendi iç sesimi dinlemek üzere çok yol kat etmem gerekmişti. Her gün yenilendiğim, içimdeki minik bedenle birlikte büyüdüğüm, korkularımdan arındığım harika bir hamilelik yaşadım.

***

Nisan 2012. Yedi aylık hamileyim. Her sene olduğu gibi dünya dans günü için öğrencilerime koreografi hazırlıyorum. Lydia'nın karnımdan eşlik etmesini hissederek tatlı mı tatlı bir dans çalışıyorum. O sırada kapı açıldı. Eşim işten eve gelmişti. Yüzünde şaşkın bir ifadeyle terfi ettiğini ve muhtemelen İskoçya'ya taşınacağımızı söylüyordu.

Doğuma on gün kala biz tüm eşyalarımızı toplamaya çalışır, ailemiz ise Lydia'nın doğumunun heyecanı ve bizim gidişimizin üzüntüsüyle ne diyeceklerini bilmez bir hâldeydi. Ben her gün dans ediyordum. Doğum dansı, taşınma dansı, heyecanlanıyorum dansı, ne yapacağımı şaşırdım dansı!

Lydia'mı doğurmak üzere olduğum haftayı sanki dünmüş gibi hatırlıyorum. 2012 yılının Haziran ayıydı. İstanbul her zamankinden sıcak bir yaza hazırlanıyordu. Bu satırları yazdığım İskoçya'nın aksine herkesin şortlar ve sandaletlerle gezdiği sıradan bir haziran ayı sıcaklığı vardı ama İstanbul'un binaları ve kalabalığı içinde rüzgar sanki hiç esmiyormuş gibi hissediliyordu. Neyse ki biz deniz kenarında, harika bir bölgede yaşıyorduk ve kendimi her gün on dakikada sahile atıyor, deniz kokusunu içime çekerek, *her şey çok güzel olacak, kızımı sağlıkla kucağıma alacağım* cümlelerini tekrar edip duruyordum.

Bir yandan da eşimle birlikte mümkün olduğunca çok eşya paketlemeye çalışıyordum. Doğumdan önce ne kadar toparlanabilirsek o kadar iyi olacaktı çünkü yirmi gün sonra eşim Türkiye'den İskoçya'ya taşınacaktı! Ben de Lydia'mızı alıp onun arkasından gidecektim.

Ama ne zaman?

KENDİNDEN BAŞKA HERKESİ MUTLU ETMEYE ÇALIŞMAK

Hiç bilmediğimiz bir ülkenin hiçbir fikrimiz olmayan bir şehrine taşınmadan önce internetten araştırma yapmak, günlerce ve gecelerce forum ve blog okumak demekti. Biz de öyle yapmıştık. Aylardır Glasgow hakkında ne kadar bilgi varsa toplayıp şehrin tam olarak neresine taşınmamız gerektiğini tespit etmeye çalışıyorduk.

Eşimin, *Glasgow'a taşınalım mı* sorusuyla eve geldiği günün üzerinden sadece iki ay geçmişti. Bu iki ayda önce kendimizi, doğduğumuz ve büyüdüğümüz bir düzeni bırakıp yeni bir ülkede yaşama, çalışma ve çocuk büyütme fikrine alıştırmış, sonra da bizlerden uzak kalacak tüm aile fertlerine bu durumu nasıl açıklayacağımızın yolunu bulmak için yöntem üstüne yöntem düşünür olmuştuk. Düşünürken de o kadar gerilmiştik ki eşimin terfi etmesini ya da ailece yeni bir ülkeye taşınmamızı doğru düzgün kutlayamamıştık bile.

Her gün sürekli yürüyor ve doğumdu, emzirmeydi, taşınmaydı derken beynimde bir sürü şeyle meşgul oluyordum. Yürüdükçe yeni insanlarla tanışıyor, onlarla konuştukça bazen bilgi, bazen de kuşkuyla doluyordum.

İstanbul hamileler için cennet gibi bir şehirdir. Pastaneler, kafeler her zaman sana yiyecek bir şey ikram eder; nereye gitsen yer önceliği senindir ve herkes seni rahat hissettirmek için elinden geleni yapar. Yani hamileysen bu şehirde aç veya ayakta kalmazsın. Sohbet edecek birilerini bulduğunda ise normal doğum yapmak istediğini duyanlar seni dünyanın en cesur kadını ilan ederler. Ama bir alt kuşaktan olan hemen herkes de seni şöyle uyarır: *Aman doğumdan sonra formunu koru, sakın salma, kendini bebeğe kaptırıp kocanı, evini boş bırakma* gibi öneriler havalarda uçuşur.

Bu 40 haftalık süreçte biz de bu ve benzeri her türlü kafa karıştıran fikirden kaçınmak istemiştik. İçten içe bir gece yarısı suyumun geleceğine, kasılmalarla hastaneye gidip müdahalesiz ve rahat bir doğum gerçekleştireceğime yürekten inanmak istiyordum. Bebeğim doğar doğmaz göğsüme gelecek ve onu ilk andan itibaren besleyebilmek benim için her zaman kolay bir iş olacaktı.

Gönlümden geçenlere çok benzemeyen bir şekilde suni sancılı, bol müdahaleli ama bir o kadar da uyuşturmasız bir normal doğum gerçekleştirdim. Sürecin istediğim gibi gitmemesi ve nasıl sonuçlanacağını ön göremediğim için de doğumdan çıktığımda kapıda beni bekleyen bir kalabalık olmasını istemedim. Eşim de kendi başımıza olmamız yönündeki düşüncemi destekledi. Sadece annem ve babama haber verdik doğuma girdiğimi, diğer herkese Lydia doğduktan ve ben de kendime biraz geldikten sonra mesaj attık.

İşte ne olduysa bundan sonra oldu. Neden doğumu bu kadar geç haber aldıklarına kırılan akrabalar mı istersiniz, kendini dışlanmış hisseden kardeşler mi? Herkes doğumhaneden çıkış anımda orada olmak istemiş ama bizim yüzümüzden bu anı kaçırmışlardı! Neler neler oldu bilseniz, sanki bir pembe dizi sahnesindeydik! Telefonlar susmadı günlerce. Hani nerede kalmıştı benim doğal, pozitif, akış hâlindeki doğum sürecim? Bir yanda vücudumdaki acılar, dikişler, Lydia'mı emzirmek için saatlerce uğraşıp çıkardığım iki üç milim sütüm, haftaya boşaltmamız gereken ev ve diğer yanda bizden kendilerine daha fazla ilgi göstermemizi bekleyen akrabalarımız...

Derken eşim tüm bu karmaşayı ardında bırakıp elinde iki bavulla İstanbul'dan ayrıldı. Lydia 10 günlüktü. Birlikte annemin yanına yerleştik. Sürecin daha da duygusal hâle gelmesi için ne gerekiyorsa hepsi yaşandı. Lydia ile benim Birleşik Krallık vizelerimizin reddedilmesine kadar!

Hiçbir şeyi kişisel algılamamalı, hele yeni doğum yapmışken... Çünkü hayatta karşılaştığımız herkesin derdi haklı olmaktır. Mutlu olmayı seçmek ise bizim elimizdedir. Lydia'yı kucağıma alıp gözlerinin içine baktığım an silinip gidiyordu tüm endişelerim. Komik, neşeli, şarkı söyleyen, dans eden Selen oluyordum o anda. Lydia'nın bana ve benim de ona rehberlik ettiğimiz muhteşem bir enerjinin içinde birlikte hayatı öğreniyorduk.

Günler böylece geldi geçti. Herkese kendi yaşadıkları zor gelir. Üzüntülerim, ağlamalarım boşunaymış demiyorum çünkü her durumda bir şey öğrendim; onun yerine lohusalık dönemi sağ olsun diyorum!

Düğün, doğum gibi birçok akrabanın, arkadaşın bir araya geldiği kalabalık günler herkes için çok heyecan verici buluşmalardır elbette. Bu kalabalık aynı zamanda herkesin kendi iç dünyasıyla yüzleştiği, duygusal açıdan yoğun bir ortamı da beraberinde getiriyor.

Evlendiğiniz gün herkesi mutlu etmeye çalışan; yakınların, arkadaşların nabzını tutan bir yapınız varsa aman ha! Bu *doğum* işi nişana, düğüne benzemiyor; baştan uyarayım.

Çünkü herkesi mutlu etmeye çalışayım derken aslında kimseyi mutlu edemiyorsunuz!

ANNE ADAYLARINA VE YENİ ANNELERE

1. Notum: Aylardır bugünü beklediniz, vücudunuz değişti, içinizde bir can taşıdınız, onu büyüttünüz, her anınızı ve her şeyinizi onunla paylaştınız! Ne büyük bir merak, heyecan ve özlemle onu beklediniz! Şimdi bebeğinizi kucağınıza aldığınız bu mutlu günleri yaşarken başkalarının neler dediğini, neler düşündüğünü bir kenara bırakmalısınız. Bebeğinizle geçirdiğiniz ilk günler, onun ilk gözünü açışı, ilk hıçkırığı, ilk parmağınızı tutuşu, ilk banyosu hatta ilk kakası, hepsi çok özel! Gece uyumamanız, nefes alıyor mu diye her an onu kontrol edişiniz, siz ne verirseniz ona razı olan size muhtaç bebeğinizle geçirdiğiniz her dakika çok kıymetli.

Kimsenin onunla geçireceğiniz bu muhteşem dakikalara gölge düşürmesine izin vermeyin. En uykusuz olduğunuz, sıkıntılarla en zor başa çıktığınız anlarda bile onu bol bol koklayın, öpün, sevin, sarılın, dans edin, gülümseyin, fotoğrafla yetinmeyip imkânınız varsa video çekin. İlk haftalar çok hızlı geçiyor! Yeni bir hayatı kutlama zamanını ıskalamayın!

2. Notum: Kızımı kucağıma aldığım ilk aylarda ne kadar hızlı bir şekilde eski formuma dönmeye çalıştığımı hatırlıyorum. Daha dört hafta öncesinde epey zorlu bir doğum gerçekleştirmeme rağmen haftada

iki gün soluğu pilateste alıyordum. Orada geçirdiğim anlar bana mental anlamda çok iyi gelse de pelvik taban ve karın duvarı kaslarım aynı şeyi hissetmiyordu. Buna rağmen eski balerin bedenime hızla geri dönmek için inanılmaz bir çaba sarf ettiğimi söylemeliyim.

Nasılsa antrenmanlı vücuttu! Hiçbir şey olmazdı hani!

Bu çabalarım bana uzun bir süre düzgün oturamamak, hapşırınca çişini kaçırmak biçiminde geri döndü. Ve uzunca bir süre bu kas bozukluklarını toparlamak için yeniden ve bu kez daha çok çaba sarf etmek zorunda kaldım.

Vücudumuz bize bir hediye ve asla şakası yok. Akıllı olmamız gerekiyor.

KARANLIK ÇÖKMEDEN, GÜNEŞİ DOĞURMAK

Her doğumun bir hikâyesi vardır. Benim hikâyemde hassaslık vardı. Bildiğim bütün öğretileri unutturan, kendinden başka herkesi mutlu etmeye çabalayan bir hassasiyet vardı. Ama bu hassasiyet yorgun, uykusuz ve yarının ne getireceğinden habersiz bir annenin en son ihtiyacı olan şeydi.

Tekrar okumaya başladım. Anda kalmak. Akışta olmak. Sorgulamamak. Acı veren duygu ve düşüncelere kapılmamak. Ve Lydia ile dans ederken buldum kendimi. En sevdiğim şarkıları çalarak. Kucağımda uyumasını izleyerek. Birlikte doyasıya sarılıp kucaklaşarak. Ait olduğum yer kızımın kollarıydı ve onun ihtiyacı olan sevgi de benim kollarımdaydı.

Biz dans ettikçe bağlandık. Dans ettikçe şifalandık. Her an şükrettim. Sahip olduğum her şeye, herkese. Beni hassasiyetimle yüzleştiren tüm akrabalara. Ve bundan daha iyisi nasıl mümkün olabilir diye sordum kendime; nasıl daha *an*da olabilirim, nasıl bu *an*ı en iyi şekilde takdir eder ve nefes aldığımız her *an*a şükran duyabilirim?

Dans aracılığıyla en başta kendimle kurduğum iletişim her gün önüme yeni farkındalıkların kapısını açıyordu. Karanlık tarafa doğru kapılıp gitmeden, kısa sürede güneş açmıştı kalbimde.

Etrafımdaki tüm baskılardan özgürleşmeye çalışmak çok yorucuydu. Eşimin İskoçya'ya taşınmasıyla aile içi ilişkileri yönetmek, herkesin gönlünü yapmak bana kalmıştı. Doğum sonrası depresyonun dibine vurduğum o günlerde müzik, dans ve Lydia'yı doyasıya kucaklamak nefes alabildiğim nadir zamanlardı.

Birinci başvurumuzda bir evrak eksiği yüzünden reddedilen vizelerimiz, Lydia'nın babasına kavuşmasını bir buçuk ay daha ertelemişti. *Sana çok ihtiyacım var, ne olur gel* dediğim hâlde, eşim ya uygun fiyatlı uçak bileti bulamıyor ya da iznini ayarlayamıyordu.

Gelemedi!

Neyse ki bizim vizeler onaylandı ve üç ay sonra annemi de yanımıza alarak İstanbul'dan Glasgow'a uçtuk.

Glasgow'a taşınırken omzuma yüklediğim endişelerden arınarak gitmeyi seçmiştim. Hayat bize ne getirirse iyiliğimiz içindi. Ve öyle de oldu!

ATEŞ ÜZERİNDE YÜRÜMEYE GİDEN YOL

Geçtiğimiz 16 yıl boyunca yenidoğandan 90 yaşına, her yaştan öğrencilerim olmuştu. İngiliz ve Rus bale eğitimi teknikleri üzerinde çalışmış, 10 yıl süresince kolej ve ardından da üniversitede öğretim üyeliği görevlerinde bulunmuştum. Klasik bale, Latin, Tango ve modern dans performanslarının yanında aileler, bebekler ve özel gereksinimli yetişkinler için farklı dans modelleri hazırlamıştım.

Dans öyle bir şey ki benim için; dini, dili olmayan, içinde saf iyilik barındıran bir mucize gibi. Kendimi bildim bileli yaptığım şey dans olduğu ya da bu benim mesleğim olduğu için değil, ne kadar çok kişiyle paylaşırsam bir sonraki güne o kadar huzurla başladığım için dans ediyordum.

Anne adayı olduktan sonra görmüştüm ki bebeğimle o daha karnımdayken dans ve müzik yoluyla kurduğumuz bağ, sadece bizim değil tüm bebeklerin, çocukların, ailelerin tatması gereken bir güzellikti.

Hayatım, göçmen bir anne olarak yurt dışına taşınmayla birlikte bambaşka bir farkındalıkla aynı yönde yeni projelere doğru ilerliyordu.

***

Eylül 2012. Glasgow'dayız. Kimseyi tanımadığım, hızlı konuşulduğu zaman anlamadığım, altyazılı olmadıkça haberleri bile takip edemediğim bir İngilizceyle, üç aylık Lydia'mla yepyeni bir ülkedeyim. Günde onlarca öğrencinin, arkadaşın, eşin dostun girip çıktığı, dans stüdyosuna dönüşmüş evimizden, ailemizden, minik balerinlerimden, üzerinde iki yıl çalıştığımız harika oluşum *El Sistema Türkiye*'den, akademilerden, seminerlerden, ilmek ilmek dokuduğum her şeyden uzaktayım...

***

Ocak 2013. Dans ediyoruz. Evimizin salonundayız. Eşyaları duvar kenarına dizip ortada bize yetecek kadar bir boş alan yaratmışız. Sabahları Lydia'yı kucağıma alıp bale yapıyorum, akşamları da üçümüz tango yapıyoruz. Ve Lydia biz ne zaman dans etsek mışıl mışıl uyuyor. Ben dans dersleri vermeyi, insanlarla bir arada olmayı özlüyorum ama Lydia'mı bırakıp çalışmak da istemiyorum. Her yeri, tüm okulları araştırdım ve maalesef hiçbir kurum *bebekli dans öğretmeni* fikrine sıcak bakmıyor. Ben de arkadaşlarımı her hafta evimize davet ediyorum. Evde bebeklerimizle dans ediyoruz.

12 Şubat 2013. Lydia sekiz aylık. Evin içinde her yere hızlı hızlı emekliyor, tutunarak ayakta duruyor ve durduğu yerde kendince dans ediyor. Hayranlıkla izliyorum her bir hareketini. Bir yandan da hazırlanıyorum. Babası bir saat içerisinde işten eve gelecek ve ben de Matthew Bourne'un yorumu ile yeni ortaya çıkan *Uyuyan Güzel* balesini Kraliyet İskoç Balesi dansçılarından izlemeye gideceğim. Eğer kuliste ya da çıkışta yakalayabilirsem hızlısından bir iki soru sorabilmek ya da daha güzeli bir röportaj günü bağlamak niyetindeyim ki Andante dergisi okuyucularına sürpriz olsun.

Matthew Bourne klasik eserlere getirdiği modern ve cesur düzenlemeleri ve adeta film prodüksiyonu tadında sahnelemeleriyle Avrupa'nın önemli koreograflarından biri olarak ün kazanmıştı. Şansıma o gece, izleyiciler arasında benim tam da arkamdaki koltukta oturur bulmuştum kendisini. Tahmin edersiniz ki, hiç vakit kaybetmeden tanışıp, çıkışta röportaj için vaktiniz olur mu diye sordum. O da yarın sabah erken saate Londra'ya uçtuğunu, dilersem röportajı benimle yarın gündüz Londra'da yapabileceğimi söyledi. Ben de ona evde 8 aylık bebeğim olduğunu ve ertesi sabah Londra'ya uçmamın mümkün olmadığını söyleyince bana şöyle bir cevap vermişti: "O zaman belki de şu an bu işi yapmak yerine, evde bebeğinle olmalısın." Bunu söylerken yüzünde o kadar net bir ifade vardı ki! Bende yarattığı acı gerçeklik hissine inanmakta zorluk çekiyordum. Eve yürürken Bourne'un sözleri kulağımda yankılanıyordu. "O zaman belki de şu an bu işi yapmak yerine, evde bebeğinle olmalısın."

Mart 2013. Haziranda yüksek lisans tez sunumum var. Lydia kucağımda, her gün kütüphanedeyiz. Günde 2-3 saat uyuyor. İşte o arada artık ne kadar araştırıp yazabilirsem... Günler müthiş bir koşturmaca ve telaş içinde geçiyor. Her gece dans dersleri vermeye yeniden başlayacağım günün hayaliyle uyuyorum.

BU HAYATA NEDEN GELDİM?

Öyle bir ses vardı ki içimde, bana sürekli aynı soruları sorduruyordu: "Bu hayatta benim için en önemli olan şey nedir? Dünyaya bakınca değiştirmek istediğim şey nedir? Daha iyi bir geleceğin kurulmasına nasıl bir katkım olabilir?"

Haziran 2013'te tüm bu soruların yanıtlarını bulabilmek amacıyla Fethiye'de bir hafta sürecek bir eğitime katıldım. Telefon, internet hatta kısmen elektrik dahi olmayan, gerekli olduğu kadar konuşup gerekli olduğu kadar yediğimiz ve bize yetecek kadar uyuduğumuz, 25 metreye uzanan kaya tırmanışları yapıp yüksek tepelerden denize atladığımız, uzun uzun koşup ateş üzerinde yürüdüğümüz, bol bol düşünerek geçirdiğimiz bir haftaydı...

Lydia'mı, babasını ve annemi görmek için sabırsızlandığım, yedi günlük özlemi sanki yedi aymış gibi hissettiğim bu seminer sona erdiğinde sorularımın yanıtını da bulmuştum.

Fethiye'de hayatta beni en çok rahatsız eden şeyin özgürlüğümün kısıtlanması olduğunu bir kez daha kavramış ve kendimizi toplumun ne düşündüğünden bağımsız olarak ifade etmekte ne kadar zorlandığımız gerçeğiyle yüzleşmiştim. Buna neşe ve umut getirecek bir katkı yaratmak üzere elimden geleni yapacağımdan emin bir şekilde ayrıldım oradan.

Amacım tüm insanları neşeyle hareket ettirmek; aralarında inanç, kültür, iş, pozisyon, iletişim ve iletişimsizlikle kurulmuş, büyümüş tüm duvarları kaldırmak; hepimizin bir bütüne dahil olduğunu ve bu bütünden hareketle daha mutlu, daha sağlıklı, daha özgür olabileceğimizi deneyimlemekti. Kendime böyle bir iş kurmak istiyordum.

Peki, bunu henüz bir yaşındaki kızımla birlikte nasıl yapacaktım?

BEBEKLERLE DANS ETMEK

Ben bu dünyaya sahip olduğum değerlerle ne katabilirim, şu an sahip olduğum olanaklarla insanlara nasıl fayda sağlayabilirim soruları karşısında kendimi anne ve bebek dansı koreografileri hazırlarken buldum.

Dance with Babies® markası ve *babywearing dance* (bebekleri giyilerek yapılan dans) oluşumu o gece doğdu. Mucize gibi gelişti her şey!

İşin ilginci, bu oluşum Türkiye'de yani doğduğum, büyüdüğüm, destek alabileceğim birçok tanıdığımın yaşadığı bir ülkede doğmadı da daha birkaç ay önce taşındığım, fon için hiçbir yere başvuramadığım, sadece eş vizesiyle ikamet edebildiğim, dilini doğru düzgün konuşamadığım, neyin nerede ve ne şekilde yapıldığına dair hiçbir deneyime sahip olmadığım bir ülkede doğdu! Üstelik yanımda, içimdeki heyecanı paylaşabileceğim tek bir insan vardı: Eşim. Ama o bu girişimcilik fikrimden benim kadar heyecan duymuyordu. Hele amacımın dersler vererek başladıktan sonra kendi yaşam merkezimi açmak olduğunu söylediğimde yüreği tam anlamıyla yerinden hopladı.

Kulağımı her türlü felaket senaryolarına tıkayıp gece gündüz çalışmaya devam ettim. Bazen 1-2 saatlik uykuyla günlerce çalıştığım oldu. İnanılmaz bir heyecan, içimin içime sığmadığı bir coşku vardı yüreğimde. Bir yandan Lydia'yı emziriyor, diğer yandan bilgisayarımdaki Paint programında (sahip olduğum teknolojik seviyeyi düşünün!) *Dance with Babies®* logosunu tasarlıyordum.

Her akşamüstü Lydia'nın uyku saatine denk getirip bölgedeki tüm eğitim kurumlarını dolaşarak salonlarını kullanıp kullanamayacağımı soruyordum. Birçoğu salonunun dolu olduğu gerekçesiyle beni geri çeviriyordu. Ya orada zaten bir anne-bebek aktivitesi yapılıyordu ya yetkili kişi o anda yoktu ya da *siz en iyisi e-posta gönderin, biz size haber veririz* idi.

O sıralar pazartesi akşamları evimizin karşı sokağındaki bir koro grubuna devam ediyordum. Her hafta 20-30 kişi toplanıp dünyanın farklı yörelerinden şarkılar, türküler söylüyorduk. Çalışmalarımızı sürdürdüğümüz yerde tadilata başlandığı için o hafta başka bir salona geçmemiz gerekmişti. Provayı evime oldukça uzak düşen bir yerde yapacaktık. Bu durum beni zorlasa da giyinip evden çıktım ve o akşam gideceğim salonun sonraki beş yıl boyunca işlerimi yürüteceğim ana ofisim olacağından habersiz yola koyuldum.

İşte o koro çalışması sonrasında salonun etkinlik yöneticisiyle tanıştım ve ona ne yapmak istediğimi anlattım. "Perşembe günleri öğlen saatleri boş" dedi. "Tamam!" dedim, "Ne zaman, saat kaç olduğu önemli değil, ben anneleri bulur, toplar, getiririm."

Eve gelir gelmez hemen bilgisayarın başına oturdum ve A6 büyüklüğünde, yani bir dosya kâğıdını dörde kesince elde edebileceğim kâğıt parçalarına basılı hayatımın ilk broşürlerini hazırladım. İngilizce düzeltmelerine de bir arkadaşım yardım etti. İşlem tamamdı! Ertesi gün elimde yüzlerce basılı broşürle, Lydia bebek arabasında, bölgedeki tüm sokakları, parkları yürümeye çıkmıştım.

Gördüğüm her anneye ne yapmak istediğimi anlattım ve broşürlerden verdim. Bazıları dinlemedi, bazıları hiç ilgilenmedi, bazıları tersledi, bazıları da çok mutlu oldu ve çok heyecanlandı.

İki hafta boyunca her-yer-dey-dim! Artık neredeyse herkesi tanıyordum. Tüm marketlerde, dükkânların camlarında, kucağımda Lydia'yla dans ederken çekilmiş fotoğrafım vardı.

Ve o ilk hafta dersime tam 18 kişi geldi. Bir sonraki hafta kişi sayısı 27'yi buldu. Ondan sonraki hafta ekstra ders açmak zorunda kaldım. Derken gazeteler aramaya başladı... Radyo programlarına çıktım... Büyük etkinliklerin organizatörleri aradı... Yanımda anneleri de götürüyordum ki İngilizcelerini anlamadığımda onlar bana anlatsın, benim yerime onlar cevap versin.

Anneler bebekleriyle birlikte keyifle ve neşeyle dans edecekler, hayatlarında hareketi ve arkadaşlığı bir arada deneyimleyerek bebekleriyle harika vakit geçireceklerdi. Parmak ucunda bale yapacak, farklı danslarla eğlenecektik. Rock'n'roll müzikleriyle canlanacak, kahkahalarla gülecektik. Gücümüzü yeniden keşfetmeyi, sahip olduğumuz bedenle ve bugüne dek tecrübe ettiklerimizle gurur duymayı ve ortak bir amaç için birlikte hareket etmeyi deneyimleyecektik.

Anlatmak istediğim, paylaşmak istediğim çok bilgi vardı. Başlattığım bu hareketin inanılmaz faydaları vardı aileler için ama kendimi istediğim dilde, istediğim gibi ifade etmem biraz zaman alacaktı. Ben de kendime karşı anlayışlı olmayı yine, yeniden öğrenmem gereken bir süreçten geçecektim.

BİRLEŞİK KRALLIK'TA BİR TÜRK KADIN GİRİŞİMCİ Mİ OLUYORDUM BEN ŞİMDİ?

Bebeklerle Dans (Dance with Babies) 2013 yılı sonbaharında Glasgow'da açılışını yaptıktan sadece altı ay sonra 350 aileyi dansla buluşturdu ve *Creative Scotland - Get Scotland Dancing* inisiyatifinin partnerlerinden biri olmayı başardı. *Big Dance Pledge, 1 Billion Rising* gibi global bağış etkinliklerinin bir parçası oluyor, *BBC, CHAS, UNICEF, Women's Aid, Foundation of Community Dance, Foodbank* gibi ulusal ve uluslararası organizasyonlar için danslar, eğitimler düzenliyordum.

Bebeklerle Dans sadece bir sene içinde büyüsü, samimiyeti ve rekabetten uzak, birleştirici vizyonuyla dünyanın birçok yerinde yaşayan ailelere ulaşmayı başararak uluslararası bir topluluğa dönüşmüştü. Çocuklarımız için rol modeli olan biz yetişkinlerin dans eden, şarkı söyleyen ebeveynler olması o kadar kıymetliydi ki! Çocuklarımız sokakta duyduğu bir müziğe bizimle birlikte eşlik etmek istediğinde rahatlıkla konfor alanımızdan çıkabilmemiz; dansın, hareketin çocuklar için en başta gelen iletişim şekli olduğunu görmemizle başlıyordu. *Bebeklerle Dans*'ın ardından yarattığım *Çocuklarla Dans (Dance With Toddlers)* programı da işte tam bunu anlatıyordu.

O sırada bir yandan yüksek lisans tezimi yazıyordum. Lydia'nın tüm öğle uykularında soluğu kütüphanede alıyordum. Daha o yaşlarında çok konuşuyordum Lydia ile. Her şeyi anlatıyordum ona. Birlikte bir plan yaparken onu da düşündüğümü hissetmesini istiyordum.

Şimdi oyun grubuna gideceğiz, sonra benim biraz kütüphanede çalışmam lazım. Orası sessiz bir yer biliyorsun. Rahat rahat uyuyabilirsin. Sonra sen uyanınca birlikte parka gideriz. Ne dersin? Güzel olur mu?

Tez çalışmasını bitir, parka git, alışveriş yap, eve gel, yemek hazırla, temizlik yap, annelik yap derken herkes yatıp uyuduktan sonra gece 11 ile sabah 3 arası *Bebeklerle Dans* ve *Çocuklarla Dans Eğitmen Eğitimi* kitapları üzerinde çalışıyordum.

Facebook'un pazarlama alanında kendini yeni göstermeye başladığı yıllardı. Gruplarda ne kadar aktifseniz yeni katılımcılara ulaşmak da o kadar kolay oluyordu. Ben de kendine güvenen, aktif ve pozitif bir müteşebbis olarak bu sosyal alanın keyfini çıkarıyordum. İşte tam bu sırada bebeklerle dans konusunda uzun bir dönem boyunca beni kendi içime döndürecek ve aldığım aksiyonları bir süreliğine yavaşlatacak bir hamle geldi sosyal medyadan.

İngiltere'nin diğer ucunda benden birkaç ay sonra bebeklerle dans derslerine başlayan bir başka anne, bana ve markama âdeta savaş açmıştı. Yaptığı kampanyalarda bebek taşıyıcısı danışmanlığım olmadığını ve bebek taşıyıcılarıyla yapılan bu dansı güvenli bir şekilde yerine getiremeyeceğimi söylüyordu. Ben ise kendi kampanyalarımızda profesyonel bir dans eğitmeni olmamın üzerinde duruyor, esas ergonomi ve anatomi üzerine tecrübesi olmayanların bu işi öğretirken dikkatli olması gerektiğine gönderme yapıyordum.

Esas gayem herkesin dans ederek birbirine yakınlaşmasını sağlamak iken hesapta olmayan engellerle karşılaşıyor ve içimdeki hissin tam aksine hareket eder hâle getiriliyordum. Ya da bu hâle getirilmeyi ve rekabetin içinde kalmayı seçiyordum mu demeliyim?

Bebek giyimi, doğum sonrası sağlık, ilk yardım gibi birçok alanda sertifika programlarını tamamlamış olmama rağmen, eğitmen eğitimi ve temsilcilik programlarını başlatmamla birlikte, bu kişinin saldırıları daha da arttı. Maalesef yasal işlem başlatacak konumda değildim. Takınacağım her türlü fiili tavır vize durumumuzu etkileyebilirdi. Yasal bir adım atamayacaksam bu gerginliğe sosyal medyada daha fazla tanıklık etmeme de gerek yoktu. İçinde bulunduğum tüm gruplardan tamamen çekildim. Bana ve yaptığım işe inanan, güvenen onlarca profesyonel benim artık bulunmadığım o platformlarda haklarımı, yaptığım işin doğruluğunu, güvenilirliğini savunmaya devam ettiler. Bunun bana ne kadar büyük bir mutluluk verdiğini yeterince anlatamam.

Ve o muhteşem 2014 yılı geldi nihayet. Enerjimi bütüne odaklayarak *Bebeklerle Dans* ve *Çocuklarla Dans*'ın üçüncü ayağı olarak kadınlar için tasarladığım *Dance with Friends*'i *(Arkadaşlarla Dans)* doğurmuştum. Bizim için, kadın olmayı kutlamak için, dans etmek, arkadaşlarla olmak, keyifle hareket etmek, bedeni, sağlığı, hayatı, neşeyi doyasıya yaşamak için.

Arkadaşlarla Dans haftada 100'ün üzerindeki katılımcı sayısıyla kısa sürede en popüler egzersiz derslerinden biri oldu ve bağış etkinlikleriyle hayatlara dokunmaya başladı.

Dance with Babies ismi ve markası artık içinde bulunduğumuz uluslararası topluluğu tam olarak yansıtmıyordu. Markayı ve bilinirliği *Dancing Families Around the World (Dünyanın Etrafında Dans Eden Aileler)* olarak yenileme ihtiyacı duydum. Dünyanın dört bir yanında dans eden aileler geleceğin *Joimove* topluluğunu oluşturmaya başlamıştı.

Dancing Families ismini *Joimove*'a dönüştürmeden önceki dört aylık süre boyunca *neşe, sevgi, umut, hareket* sözcükleri arasında gece gündüz farklı kombinasyonlar arasında gezindi durdu aklım ve kalbim. Lydia ve babasıyla birlikte her an bir isim düşünüyorduk. Yeni bir marka yaratmam gerektiğini biliyordum ve bu daha önce hiçbir yerde kullanılmamış bir isim olmalıydı; ileride bir gün sözlüğe girebilecek türden "eşsiz" bir anlama sahip olmalıydı... Sonunda *neşe, hareket, katılmak* sözcüklerinden türeyen bir birleşik sözcük çıktı ortaya: *Joy + join + move* yani *Joimove.*

ÇOK ÇALIŞMAK DAHA ÇOK BAŞARI GETİRMEZ, GELECEK BAŞARIYI ERTELER

2014 yılı ilkbaharında, iki yaşında dünya tatlısı bir kız çocuğu annesi olarak günlük fiziksel aktivitelerime, kendi fitness rutinime artık tam anlamıyla geri dönmüştüm. Haftada dört gün verdiğim *Joimove* derslerinin yanı sıra düzenli olarak spor yapıyor ve yürüyordum. Lydia da her zaman yanımdaydı.

Joimove eğitmen eğitimleri, yüksek lisans mezuniyeti, yaz seminerleri derken eskisinden daha yoğun bir tempoyla yeni bir sezona başlamıştım. Glasgow'un en büyük spor salonlarından birine 50 yaş üstü kadınlarla birlikte *Joimove* dersleri yapmak üzere davet edilmiştim. Haftada bir gün, bir saat ders verecektim ama bu defa bebek ve çocukların da katılabileceği bir ders olmadığı için, Lydia benimle olamayacaktı.

Neyse ki ders vereceğim salonun altında çocuklar için tatlı bir kreş vardı. Lydia bir saat orada oynarken ben de üstteki salonda olacaktım.

İlk ders kendimi onsuz nasıl da yalnız hissettiğimi hâlâ hatırlıyorum. Kucağımda yoktu, yanımda elimi de tutmuyordu. Dans ediyordum, ders veriyordum, yıllardır bilip sevdiğim şeyleri yapıyordum ama nasıl da alışmıştım bu anların hepsini Lydia ile paylaşmaya.

İlk bir-iki hafta ikimiz için de kolay olmadı. *Beş dakika ağlıyor ama sonra çok güzel oynuyor* deseler de içim rahat değildi. Ne zaman bir anons yapılsa *acaba kreşten beni mi çağırıyorlar* diye düşünüyordum kalbim pır pır atar bir hâlde.

Bir süre sonra her şey rayına oturdu ve harika bir akışta ilerlemeye başladı. Lydia arkadaşlarıyla mutluydu. Ben de 20 katılımcıyla başladığım dersleri üç hafta sonunda 50 kişiyle sürdürür hâle gelmiştim. Öyle ki, derslerime gelenler yer bulamamaktan korktukları için nereye gittiklerini tanıdıklarından bile saklar hâle gelmişlerdi. Kapasite 60 kişiye çıkınca da aşağıdaki büyük spor salonuna taşıdık dersleri. Böylece 75 kişiye kadar katılımcı alabilecektik. İki hafta içinde ise sayımız 75'i de geçmişti!

Lydia ile birlikte *Bebeklerle Dans* olarak başlattığımız *neşe hareketi*, her hafta yüzlerce kişiyi bir araya getiren, Birleşik Krallık'ın en popüler etkinliklerinden birine dönüşüyordu!

İskoçya'nın ve İngiltere'nin farklı bölgelerinden eğitmen adaylarının e-postaları düşüyordu posta kutuma her gün. Eğitim programlarıma katılmak, *Joimove* eğitmeni olmak istiyorlardı. Eğitim materyallerini güncellemeye, canlı eğitimler tasarlamaya başladım. Yüksek lisansımı Sanat Yönetimi üzerine tamamlamıştım. Evin temizliği, yemeği, alışverişi, Lydia'nın oyunları, öğrenmesi, gezmesi derken hem ev hem *Joimove* dersleri arasında günler o kadar hızlı geçiyordu ki. Akşam herkes uyuduğunda benim için ofis saatleri başlıyordu. Günümün en yoğun saatleri *Joimove* programları yazıp internet sitesini güncellediğim, maillere cevap verip dünyanın farklı bölgelerindeki eğitmenlerle video görüşmeleri yaptığım gece saatleriydi. Bu yoğun tempoda ilerlediğim sırada 2014 yılı sonbaharında aniden sakatlandım.

DİRENÇ ACI GETİRİR

Aslında bir anda sakatlanmış değildim. Uzun süren bir yorgunluğun sonucuydu bu. Ama buna rağmen çok aniydi, çok beklenmezdi. Bir elimde Lydia'nın içinde oturduğu bebek arabası, öbür elimde alışveriş poşetleri, sırtımda ise çantam vardı. Arabanın altında kocaman bir müzik seti ve yanlarında çantalar içinde dans aksesuarları asılıydı. Bu epeyi ağır arabayı iterek eve doğru hızlı hızlı yürüyordum ki bir anda sağ dizime sanki bir bıçak saplandığını hissettim. Bir adım daha atar atmaz bir bıçak sancısı da sol dizime girdi. Sokağın ortasında öylece kalakaldım.

Olduğum yerden hiçbir yere kıpırdayamıyordum. İnanılmaz bir acıydı. Onca yıldır balede sayısız kez sakatlanmıştım ama bu bambaşka bir acıydı. Yoldan geçen bir çiftten yardım istedim. Biri bebek arabasını ve poşetleri aldı. Diğeri koluma girdi. Bir dakikalık yolu on dakikada yürüyerek evin önüne geldik. Asansör bozuktu. Üçüncü katta oturuyorduk ve bu durumda yukarı çıkabilmem mümkün değildi. Eşimi aradım gelip bana yardım etmesi için. O gelene kadar Lydia ile kapının önünde oturup bekledim. Neyse ki, her zaman yağmurlu olan Glasgow o gün kuruydu.

Geçtiğimiz aylarda asansör bir kez daha bozulmuştu. Yine bir akşamüstüydü, dersten eve dönüyordum ve Lydia ben yürürken arabanın içinde uyuyakalmıştı. Aslında çok iyi denk gelmişti çünkü yarım saat sonra evde bir toplantım vardı. Toplantı görüntülü arama üzerinden dans dersi gibi olacaktı ve wi-fi gerekiyordu. Asansör bozuk olmasaydı sessizce yukarı çıkıp Lydia uyuduğu sırada ben de rahat rahat toplantımı yapacaktım ama şimdi işler değişmişti. Bebek arabasını, içinde uyuyan Lydia ile kucaklayıp o üç katı öyle bir çıkışım vardı ki. Dizime, belime bir şey olur mu diye düşünmeden hem de! Evet, toplantıyı da yapmayı başarmıştım. Aferin bana! İşte, nefes aldığımda dahi dizlerimin parça parça acıdığı o anlarda aklımdan bu görüntüler geçiyordu. Vücudumu zorladığım bu ve bunun gibi daha birçok görüntü...

İki hafta yapacağım tüm dersleri iptal ettim. İki haftanın sonunda yavaş yavaş yürüyebilir hâle gelmiştim. Yani gerçekten yavaş yürüdüğümde canım acımıyordu. Bacağımı çok ama çok dikkatlice yukarı kaldırıp yine çok ama çok dikkatlice ve çok yavaş bir şekilde yere bastığım sürece basamakları inip çıkabiliyordum. Ama her şey eskisinden on kat daha çok vakit ve çaba gerektiriyordu.

Üçüncü haftanın sonunda, diz ve taban destekleriyle tek başıma, çok yavaş bir şekilde yürüyerek yakın mesafede bir yere gidebilir hâle gelmiştim.

Uzun zaman önce planladığımız bir Londra seyahatimiz vardı. Ertelemek istemiyorduk. Ben nasıl olsa yol boyunca arabada bacaklarımı uzatıp oturacaktım. İnince de hemen odaya çıkıp yatardım.

Londra'ya vardığımız o gece hiç uyuyamadım. Saat sabaha karşı dörde geliyordu. Bilgisayar kucağımda, internette arama yapıyordum. "Londra", "diz sakatlanması", "iyileşmek", "alternatif tedavi" gibi anahtar kelimelerin getirdiği sonuçlara baktığım sırada bir enerji ustasının iyileştirdiği hastaların yorumlarına denk geldim.

Okudukça ve araştırdıkça, operasyonluk duruma gelen sporcuları iyileştirmesiyle ünlenmiş bu *Chi-kung* ustasının kaldığımız yere iki istasyon uzaklıkta yaşadığını öğrendim.

Sabah ilk işim ustaya telefon etmek oldu. Tesadüfe bakın ki o da o gün yerindeydi ve beni görebilecekti.

VÜCUDUN HAZIR AMA AKLININ ZAMANA İHTİYACI VAR

Eşimin koluna girerek, dizliklerim ve topuk desteklerimle ağrılar çekerek tedavi merkezine ulaştım. 1980'lerden bir film sahnesinin ortasına ışınlanmış gibiydik. Açık çam renkli bir iki tane kitaplığın rafları eski-yeni ciltli ansiklopediler ve birbiriyle ilgisiz kitaplarla doluydu. Bir koltuk dışında başka da mobilya yoktu. Ayakkabılarımızı kapıda çıkardık ve içeri geçtik. Tam randevu saatinde *Master Chuen* perdeyle ayrılmış bir odadan dışarı çıkarak yanımıza geldi. Bana sakatlığın nasıl meydana geldiğini ve ağrının tam olarak nerede olduğunu sorduktan sonra seansın yirmi dakika süreceğini, bana ve vücuduma hiçbir şekilde müdahalede bulunmayacağını, her şeyin enerji sayesinde olacağını söyledi.

İçeri geçtik. Perdeyi çekti. Perdenin arkasında Lydia'nın ve babasının yansımasını görüyor, konuşmalarını duyabiliyordum. Ama bir yandan da vücudumun her bir hücresi sanki düşük çözünürlüklü bir görüntü gibi piksel piksel küçülüp büyüyordu.

Seansın bir kısmında mikrodalga fırında ısıttığı sıcak kum torbasını diz ekleminin etrafında gezdirmesi dışında bana hiç dokunmadan seansı tamamladı ve şöyle dedi: "Şimdi sırt üstü uzanmaya devam et, dizlerini kendine doğru çek ve bisiklet çevirmeye başla."

Korkulu bakışlarıma eşlik eden bir tedirginlikle, "Hayır, bunu yapmak istemiyorum" dedim.

"Vücuduna güven. Bir tıkanıklık vardı ve onu demin düzelttim. Şu an eskisi gibisin. Her şey yolunda. Vücudun hazır ama aklının bunu kabul etmesi için zamana ihtiyacın olacak."

Söylediği gibi yavaş yavaş bacaklarımı kaldırdım ve bisiklet çevirmeye başladım. Hiç ağrı yoktu. Sonra yavaşça ayağa kalkmamı ve balede yaptığım gibi dizlerimi büküp düzeltmemi söyledi. Onu da yaptım. Ağrı yoktu!

"Şimdi yavaşça zıpla" dedi. Zıpladım. Ağrı yoktu!

"Tamam" dedi, "Gidebilirsin ama bundan sonra dikkat et. Vücudun sana armağan."

NEŞE HAREKETİ

Üç yıldır bebeklerimizle, çocuklarımızla, arkadaşlarımızla dans ederek, hareketin ve neşenin dönüştürücü gücünü deneyimlediğimiz bir yolculuğa çıkmıştık. Ateş üzerinde, dağların tepesinde, dalgaların içinde bulduğum ışık başka yaşamlara umut oldu, heyecan oldu, mutluluk oldu ve her gün yüzlerce, binlerce ailenin desteği ve sevgisiyle hayatlara neşe katmaya devam etti.

UNESCO'ya bağlı *Uluslararası Dans Konseyi (International Dance Council)*'nin bir üyesi olarak, tüm üyelerimizi harika oluşumların beklediği bir döneme girdiğimizin müjdesini veriyordum. Hayatı kutlamak için, yaşamları iyi yönde değiştirmek için, her fırsatı harekete dönüştürmek için sevgi, bağlılık, neşe ve tutkuyla büyüyen uluslararası bir aileydi *Joimove*. Bu neşe hareketine katılmayı seçen, dileyen herkes de *Joimovers* oluyordu.

O günlerde İstanbul'dan Londra'ya taşınmaya hazırlanan inanılmaz yetenekli bir arkadaşımla birlikte *Joimove*'un logosunu ve internet sitesini yarattık. Güçlü ama zarif bir yuvarlağın içinde *neşe*nin (Joy) ilk harfi ve etrafında minik minik, birbirine temas eden küçük renkli yuvarlak baloncuklardan oluşuyordu logomuz.

Joimove International markasının lansmanını *siz de neşe hareketine katılın* sloganıyla 2015 yılı Eylül ayında Birleşik Krallık'ta gerçekleştirdik. Eğitim materyalleri ve diğer her şey yenilenmişti. Bebekler ve çocuklarla dans üzerine eğitimlerini tamamlamış tüm eğitmenlerin *Joimove* ile oryantasyonlarının sağlanması için canlı eğitimler planladık. Bunların ilki ekim ayında İstanbul'da olacaktı.

Bu sırada Lydia haftada iki kez yarım günlüğüne anaokuluna giden, diğer günlerini benimle birlikte evde ya da *Joimove* derslerinde geçiren, en az diğer üç yaşındaki arkadaşları kadar mutlu, sağlıklı ve enerjik bir çocuktu. Hopluyor, zıplıyor, dans ediyordu ama iş yürümeye, koşmaya gelince çok çabuk yoruldum diyor, yolun geri kalanını kucakta ya da bebek arabasında gitmek istiyordu.

Bir rahatsızlığı olabileceğini hiç düşünmemiştik. Sadece biraz yorgun gözüküyordu ama kızımızın yorgunluğu son bir ay içinde dozunu her geçen gün artırıyordu.

LÖSEMİYLE TANIŞIYORUZ

Rotamızın lösemi olduğundan habersiz biçimde tatile diye çıkmıştık yola! Lydia'nın aylardır beklediği bir tatildi bu. Yine İstanbul'u ziyaret edeceğiz ama bu defa daha uzun kalacağız; ailemizi, arkadaşlarımızı görmek için bolca vaktimiz olacak, Lydia anneannesiyle parka gidecek, vapura binip babaannesini, dedesini görecek, dans derslerine girecek, benimle *Joimove* yapacaktı. Nasıl da heyecanla hazırlandı bavullarımız, günler geriye sayıldı her gece...

Cumartesi gecesi İstanbul'a vardık. Lydia pazar gününü çok keyifli geçirdi; oyunlar oynadı, kaykayına bindi. Her şey çok güzel gidiyordu, akşam başlayan öksürük ve karın ağrısı dışında. Pazartesi gecesi ateşi çıktı. Hiç ilaç almayan bir çocuktu Lydia, şurup dahi içmezdi. Ilık banyo yaptırınca ateşi düştü. İştahı yerindeydi; ishali, kusması yoktu.

Sabah kalkınca vücudunda nokta nokta morluklar ve cildinde sararmalar fark ettim. Uyandığında ayakta duracak hâli yoktu ama hâlâ salıncaklara ve oyuncak almaya gitmek istiyordu. Benden destek almadan yürümeyi denemesini istediğimde, "Yürüyemiyorum, yorgunum" dedi ve kendini yere bıraktı.

15 dakika sonra hastanedeydik. Kontrolün ardından kan tahlili yapıldı. Doktor bir kez daha görmek istemişti sonuçları. Bir tahlil daha yapıldı. Değerleri o kadar düşükmüş ki!

Özel bakımda bulduk kendimizi. Doktor hemen profesörüne haber vermişti. Nefes nefese hastaneye yetişip Lydia'nın sonuçlarına bakan çocuk hematoloji profesörümüzle ve Lydia'nın yeni hayatındaki misafirleriyle tanıştık: Akciğer enfeksiyonu ve yüzde 90 lösemi.

Hızlıca gelen yeni bilgiler havada uçuşuyordu: Trombosit gerekecek, odasına maskeyle girilecek, değerleri çok düşük, nötropenik beslenecek, kemoterapiye ne kadar erken başlarsak o kadar iyi!

Lydia'nın ateşi 39,5 derece; her yerinde buzlar, damar yolları açık, serumlar, antibiyotikler, trombositler ve sürekli, "Babam nerede?" sorusu... Eşim o sırada İskoçya'daki evimizdeydi. Olan biteni telefonla ona aktarmıştım. İlk uçakla yanımıza gelmek için bilet baktığı sırada kızının en sevdiği oyuncaklarını odasından topluyordu. Bu arada ailemiz, arkadaşlarımız benden haber bekliyorlardı. Lydia benim gözümün içine bakıyor, ben de onu, "Her şey yolunda, merak etme" sözleriyle rahatlatmaya çalışıyordum. "Vücudun bu defa suyla, meyve ve sebzeyle idare edemeyecek bir durumda o yüzden doktor amcalar sana yardım ediyorlar. İyileşiyorsun merak etme, baban da yolda, birazdan yanımızda olacak."

Aynı cümleleri sürekli tekrar ediyordum. Bir yandan da her şeyin doğal yollarla iyiye, güzele dönüştüğüne inanan içimdeki Selen'i kemoterapi sürecine ikna etmeye çalışıyordum. Ailemiz, arkadaşlarımız hastanedeydi ve herkes şoktaydı.

O gece hayatımızın en uzun gecesiydi. Annemi gece yarısı eve gönderdim. Yanımda sadece birkaç yakınım kalmıştı. Eşimle telefonda sürekli iletişim hâlindeydik ve özel bakım kapısında, camın arkasından bizi görmeye koşmuş gözü yaşlı dostlarım vardı. O gece hayatımıza birçok yeni kavram girdi: Tekerlekli tuvalet (ortasındaki deliğe poşet takılan tekerlekli sandalye), eline takılan kelebek (damar yolu açılma işlemi), yemez içmez bayramı (biyopsi öncesi hiçbir şey yenmemesi gereken 12 saat), damar suyu (damarlarımızı yıkayan serum), yapış bant (kataterlerin üzerine takılan flaster), ateş bakmak (ateş ölçmek), haydi nefes oyunu yapalım (acıyla baş etme yöntemi olarak nefes egzersizleri), öksürük geçiren maske (oksijen maskesi).

Eşim ertesi akşamüstü hastaneye ulaştığında Lydia'nın her şeyin yolunda olduğuna dair inancı daha da güçlendi. Biz de o sırada kemoterapinin bir an önce başlaması kararını alıyorduk. Eşimin gözleri ıpıslak şöyle dediğini hatırlıyorum: "Az önce, kızımızın vücuduna yarın sabah kimyasal verilmesi için imza attık!"

O ilk gece, her şeyin başrolünü almak isteyen bir yeni kavram daha girmişti hayatımıza: Para! Sigortamız yoktu, İstanbul'a tatil amaçlı gelmiştik, Türk vatandaşıydık ama artık burada ikamet etmediğimiz için ne Türkiye'nin ne de yaşadığımız ülke İskoçya'nın devlete bağlı sağlık sigortası sistemleri masraflarımızı karşılıyordu. Özel sağlık sigortamız, seyahat sigortamız ve kenarda birikmiş paramız da yoktu. İki buçuk yıl tedavi süresi öngörülen, ciddi bir hastalıkla karşı karşıyaydık ve özel bir hastanenin yoğun bakımında çaresiz kalmıştık. Yüksek enfeksiyon riskinden dolayı üç buçuk yaşındaki kızımızın başka bir hastaneye nakli de söz konusu değildi.

Lydia sabah biyopsiye girdiğinde hayatımızda çok önemli bir gelişme daha oldu! Bu, tüm olan bitene rest çeken ve her şeyi kucaklayan yüce bir sevgiydi! Uçsuz bucaksız, elle tutulabilecek kadar güçlü bir sevgi. Binlerce donörün sıraya girdiği, yüzlerce kalbin bu küçük ruh için attığı bir sevgi. Herkesin birleştiği, Lydia'nın şifalanması için yekvücut olduğu olağanüstü büyük bir sevgiyle kuşatılmıştık.

HAYATI ŞEFKAT VE NEŞEYLE KUCAKLAMAK

Lydia'mın saçından her gün kaç tel döküldüğü önemli değildi benim için! Ben el ele, göz göze kaç dakika geçirdiğimize bakıyordum. Hayatın her bir anının kıymetini çok daha iyi anlıyordum. Bugün şefkatle, neşeyle kucakladık mı birbirimizi? Gözlerim, sözlerim ne dedi, ne hissettirdi bu minik kalbe? Önemli olan buydu! Bebeklerimiz bizden öğreniyordu hayatı. Bizim gözlerimizden!

Gülümsemeliydi gözlerimizin içi, ona cesaret ve güven vermeliydi!

Saç dediğin nedir ki dedim kendime. Dökülür, yeniden çıkar. Biz insanlar da çiçekler gibiyiz. Gün gelir, biz de dökeriz yapraklarımızı, gün gelir biz de rengârenk çiçekler açarız. Yöreye, kültüre, coğrafyaya, başkalarının tecrübelerinden edinilmiş bilgilerin bize nasıl aktarıldığına göre değişir tüm kavramlar. Hayat bizim baktığımız pencereden, her gün yeniden şekillenir.

İnsanların seçtikleri inanışa göre giyindiği, saçsız olmayı ya da saçlarını kapatmayı seçtikleri bir dünyada yaşıyorduk. İşte tam da bu yüzden ben çocuğuma, *saçsızlığın sadece hastalıkla ilişkilendirildiği* acıma odaklı bir enerji yüklememeyi seçtim.

ŞÜKÜR

Hayatta biz planlamadan önümüze gelen, düzenimizin ve güvenli alanımızın dışında gelişen her durum için hepimizin geçtiği aşamalar vardır. Bunlar inkâr ve isyan etmekle başlayıp kabullenmek ve hâline şükretmekle devam eder. Üzülmek, kızmak, nasıl olur, bu benim başıma nasıl gelir diye isyan etmek, kabullenmeye yanaşmamak, bir hata olduğuna inanmak, doğruluğunu yalanlamak gibi aşamalardan geçtikten sonra ya kabullenmeyle şükran duymayı seçiyoruz ya da umursamamayla uyuşukluk hissi içinde bırakmayı.

Hastalığın teşhisiyle birlikte tedavi sürecinin başlaması sırasında geçen ilk dört saat içinde bu aşamaların hepsinden geçmek zorunda kalmıştım. Çok üzüldüm, çok ağladım. O güne kadar böylesine sağlıklı ve mutlu yaşayan bir çocuk nasıl olur da üç yaşında kansere yakalanabilir diye soruyordum. Bu doğru olamazdı, yanlış bakmışlardı. Ama bu inkâr ve isyan aşamalarını kısa tutmam gerekiyordu çünkü hemen o gece tedaviye başlanacaktı.

Lydia da benim gibi inanmamak, kabullenmeye yanaşmamak, bir kaçış yolu aramak, üzülmek, kızmak aşamalarından geçti. Sonra öyle bir nokta geldi ki, vazgeçmek yerine artık daha çok ve daha çok umut etmeye başladı.

Bedenimize ait olan her şey değişebilir. Hayatımız da değişebilir. Önemli olan her şeyin dönüştüğünü ve bütünleştiğini kabul etmek. Neye dönüşmeyi seçtiğimiz ve neyle bütünleştiğimizi sormalıyız kendimize. Hayat her anıyla çok değerli. Her şeyin ilacı sevgi ama bu, kendine ya da birine olan sevgiden öte öncelikle hayata, *an*'a, yaradılışa duyulan sevgidir.

Her ne yaşandıysa, hayat karşımıza ne getirdiyse, öncelikle onu kabul etmeye çalışmalıyız. Hayatı her anıyla kucaklayarak ve bize getirdiği hediyeleri fark ederek yaşamak gerekir.

İyileşmesini dilediğin bir el tutuyorsan, endişeli bakmamalı gözlerin hayata.

Önce sen yenmelisin korkunu ve kucaklamalısın bugünü. Ancak o zaman diner meraklı, minik gözlerdeki korkular! Canı ne kadar yansa da canının, gülümsemelisin onun yüzüne tüm içtenliğinle.

Geçti, bitti demek, kandırmak demek değildir hiç kimseyi; aksine her geçip giden acıyı kutlayarak uğurlamaktır...

KORKU / KASIM 2015

Son günlerde, aynada başka bir kadın görür oldum. Kalbi ağırlaşmış, duruşu mağrur, gözleri neşeli, ruhu dingin, aklı karışık bir kadın!

Saçımda çiçeklerim, boynumda boncuklarım, renkli elbiselerimin içinde sağa sola koşturan ruhumun çocuksu yarısı geçtiğimiz haftalarda çok korktu. Kaybetmekten değil sadece ya da bilmediğin yerden sorulmaktan; hayatın şak diye, bir anda karşına getirdiklerine dair derin bir farkındalık korkuttu bizi. Sadece bizi değil yüzlerce, binlercemizi sardı bu farkındalık bir günde.

Korku, genelde inkâr ve isyan getirir. Bizde ve sevdiklerimizde ise öyle olmadı. Sevgi ve kabullenişle sardılar dört bir yanımızı. Hem de öyle bir sevgiydi ki bu, herkesi bir araya getirdi. Tek bir kalp için attı kalplerimiz ve dualarımız bir oldu.

Canım kızımıza ne olduğu, nasıl olduğuna değil; bu süreci nasıl en güzel şekilde yaşarız ve ona yaşatırız diye düşündük hep birlikte.

Sevginin, inancın ve umudun gücüyle daha nice güzel haberimizi paylaşacağımız sağlıklı günlerimiz olmasını diledik!

MELEKLER GERÇEK

Lösemi tedavisi ve kemoterapilerin ilk kürü boyunca 28 gün İstanbul'da kaldık. Bu, tam da Lydia ile aile tatili, arkadaş ziyareti ve iş görüşmeleri için planladığımız süre kadardı. Düşünün ki gidiş-dönüş uçak bileti tarihlerimizde bile değişiklik yoktu ama bu dört haftada neler yaşanmıştı!

İkimizin de belimize kadar kalın telli, gür, dalgalı saçları vardı. Lydia'nın saçları dökülmeye başlamadan gidip saçlarımı kestirdim. Beni kısa saçlı görünce çok şaşırıp, "Anne, babam gibi olmuşsun" dedi. "Çok dökülüyordu, kestirdim. Böyle daha kolay yıkaması, kurutması" deyiverdim.

Saç dediğin neydi ki! Kısa, uzun, var, yok, fark etmezdi! Daha önce de kanserli çocuklara peruk yapılması için kestirip bağışladığım saçlarımı yine aynı vakfa postaladım. Benden bir hafta sonra Lydia'nın saçlarını da kestik. Onları saklıyoruz, ileride isterse bağışlar.

Son hafta taburcu olduk, annemin evine geçtik. Dört bir yanımızı dezenfektanlar ve maskelerle kuşatarak hayatımızda yeni bir bölüme daha *hoşgeldin* dedik.

İlk bir ay sarsıcıydı, hem de çok. Ama biz her yeni gün Lydia'nın yüzünü güldüren, gücünü geri getiren, sevindiren, iyileştiren meleklerle çevriliydik. Tüm sevgimiz ve enerjimizle sarıp sarmaladığımız Lydia'mızın yanında olan, maddi ve manevi destekleriyle hayatımızın bu sarsıntılı döneminde şanslı, umutlu ve güçlü hissetmemizi sağlayan ailemize, arkadaşlarımıza, o kocaman melekler ordusuna hayatımın her anında şükran dolu olacağım.

İstanbul'daki hastaneden ayrılırken tüm ekiple kucaklaşıp vedalaştık. Hayatımızın belki de en zor günlerinde, gece gündüz çalışıp

Lydia'ya hayat vermiş, bizlere umut olmuşlardı. Dört hafta önce, lösemiden habersiz giriş yaptığımız hastane meğer, Türkiye'de çocuk hematoloji ve onkolojisinin önde gelen profesörlerinden birine sahipmiş! Hızlıca başlanan tedaviyle belki de çok daha farklı ilerleyebilecek bir sürecin önüne geçilmiş, daha kısa sürede remisyona girmesinin önü açılmıştı. Türk doktorların cesaret ve kararlılıkla başlayıp yol aldıkları tedaviye artık İskoçya'da devam etmek üzere yola çıkıyorduk.

Kendimizi hiç hazır hissetmeyerek, neredeyse soluduğumuz havayı bile steril edecek bir tedirginlikle çok ama çok korkarak havalimanına gittik. Glasgow'daki arkadaşlarımız biz varmadan önce tüm evi steril etmiş, duvarlardan halılara varana kadar her şey özel makinelerde yıkanmıştı. İkinci kürün başlamasına daha on gün vardı ve evimize sağ salim dönmek harikaydı.

Bugüne dek hem bireysel olarak hem de *Joimove* etkinliklerinde kanser araştırma vakıfları, hasta çocuklar için birçok kez bağış toplamış, etkinlik düzenlemiş, kanserle savaşmak için dans etmiş bir anneydim ben. Eşimin yıllardır üyesi olduğu koşu kulübü de lösemi araştırma vakfı için bağış toplayan bir inisiyatifti.

Hatta 2015 yılı Kasımında kapımızda bizi bekleyen bir hastalık olduğundan habersiz İstanbul'a gitmeye hazırlanırken bir yandan da *Joimove* İskoçya ekibi ile Glasgow Çocuk Hastanesi'nde kalan çocuklar için oyuncak bağışı topluyorduk. Bir güzellik yapıyorsun o gün başka çocuklar için ama bilmiyorsun ki senin çocuğun da bir sene sonra onlardan biri olacak. Hayatta her şey, hepimiz birbirimize birer hediyeyiz.

Glasgow'a döndüğümüzün ilk gecesi Lydia ateşlendi ve kendimizi hastanede bulduk. Yeni yıla da orada girdik. Hasta çocuklar için topladığımız oyuncaklardan Lydia'ya da geldi. Çocukların yüzlerindeki sevinci görmek dünyalara bedeldi.

NEŞEYİ SEÇ!

Ben ailemi de işimi de çokça sevgi ve dansla büyüttüm. Hayatın her anının kutlanması gerektiğini savundum. Hassas ve bir o kadar da güçlü duruşun özellikle çocuklar üzerinde mucizevi bir etki oluşturduğuna inanmış ve dansın hem iyileştirici hem de bütünleyici gücünü deneyimlemiştim. Şimdi bu deneyimi bizzat kendi kızımla yaşıyordum.

Yüzlerce hafta süren, yaklaşık üç yıllık bir kemoterapi süreci yaşadık. Onun bu yolculuğunda günlerini gülücüklerle doldurma şansının biz sevenlerine ve yakınlarına verildiğine inandık. Biz her daim dans eden büyük bir aile olarak bu misafiri dansla, müzikle sarmaladık ve şifalanmanın neşe ve sevgiyle geldiğine odaklandık.

En başından beri herkese çok içten bir mesaj verdik:

"Sağlıklı günlerinizin, sevdiklerinizi maskesiz öpmenin, onları doyasıya kucaklamanın kıymetini bilin. Koşup zıplama, hayatın her anını kutlama fırsatını kaçırmayın. Hiçbir mutluluğu ertelemeyin, bulunduğunuz anın kıymetini bilin ve teşekkür edin. Hayat size ne getirirse getirsin, unutmayın ki her zaman iyi bir şeye hizmet ediyordur. Her şeyin içindeki iyiliği bulun ve kutlayın."

Ben bu minik kalbi neşeyle donatırken başka ailelerin de neşelenmesine vesile olacağımı düşünerek çok mutlu oldum. Şimdi güçlü miniğimiz Lydia'da olduğu gibi, riskli hastalıklarla mücadele eden tüm çocuklara hayatın her hâliyle çok güzel olduğunu gösterme zamanıdır. Artık hiçbir mutluluğu ertelemeyin. Her şeyin içindeki neşeyi bulun ve onu doyasıya yaşayın.

Siz de sevdiklerinizle birlikte çektirdiğiniz bir videonuzu ya da fotoğrafınızı, onlara iletmek istediğiniz mesajla birlikte #neşeyiseç *hashtag*'i ile paylaşın!

#NEŞEYİSEÇ

Sevdiğini söyle, sevgini göster, çünkü hayat 1 kere!

KIYMET BİLMEK

Hastane odalarımızı dans ve müzikle doldurduk. İkinci evimiz oldu tek odalı yuvalarımız. Komşularımız uzun bir süre diğer hasta çocuklar ve onların aileleriydi.

Glasgow'daki çocukların çok ağlamadığı bir hastaneydi. Doktorların dizlerinin üzerinde eğilerek çocuklarla göz göze gelip konuştuğu, anne ve babaya her şeyin tek tek anlatıldığı, çocuklar için olduğu kadar aileler için de sosyal ve neşeli bir alan yaratılmaya çalışılan bir hastaneydi. Biz, yeni yıl döneminde tanıştık buradaki ekiple. Nasıl olacak, ne yapacağız derken bizi şefkat, anlayış ve destekle kucakladılar. Evet, hastanenin en neşeli ve komik ailesi olmuştuk. Belki onlar için bile şaşırtıcıydı bizi bu denli mutlu görmek.

2015 yılbaşını hastanede kutlamak için hazırlandık. Bu yılbaşı Lydia tam 3,5 yaşında olacaktı. Yürüyemiyordu, gözlerinin arkasındaki kanamadan dolayı görme yetisini yüzde 60 oranında kaybetmişti, bedeni güçsüzdü ve tüm vücut tüyleri dökülmüştü. Ama o en az geçen yılki kadar neşeliydi. Hayat, önceki yıllardaki gibi güzel, anlamlı, canlı ve eğlenceliydi.

Biz Lydia ile acınacak sahneleri kaydetmek yerine, bir arada olmamızın verdiği huzura ve neşeye odaklandık. Lösemi bize acı getirmedi diyemeyiz ama kucak dolusu umut getirdi. Umut, birbirimizi doyasıya kucaklamaya devam edebilmemiz içindi.

Biz hep güldük. Ağlarken de güldük. *Neler yaşıyoruz biz böyle,* dedik. Dönüp yaşadığımız ana bakınca her dakikanın kıymetini bildik.

Dans ve müzik hayatımızın her anındaydı demiştim. Lösemiden, kemoterapiden, ilaçlardan ve iğnelerden bizi arındıran, temizleyen yine dans ve müzik oldu. Hareket ettikçe, güldükçe güzelleşiyordu her şey. Gücümüzden aldığımız cesaret bizi iyileştiriyordu. Bu güçten aldığımız ilhamla hayatta sahip olduklarımızı yeniden hatırladık. Ötelediğimiz, ertelediğimiz küçük mutluluklarımızı coşkuyla, heyecanla kutladık.

Hastalık mı, farkındalık mı? diye sorarken buldum kendimi bir gece. Lydia ilk emeklemeye başladığında onu coşkuyla kutlamış mıydık? Kıymetini bilmiş miydik? Bunları sordum kendime.

Kıymet bilmek! Ne yüce bir huzur...

HAYALLERİMİZDİR BİZİ BÜYÜTEN

Hastanede geçirdiğimiz anların her bir saniyesi mucizelerle çevriliydi. Hayatımızın en zor günlerini geçiriyorduk; her şey acı, gözyaşı ve korku doluydu. Ama bir o kadar sevgi, umut ve neşeyle çevriliydi.

O günlerde çok daha sık düşünür olmuştum. Geçmişten bugüne hayatın getirdiklerini... Ne kadar çok mutsuzluk, umutsuzluk vardı.

Bir o kadar da her yanımız neşeyle, kahkahayla çevriliydi. Ve hayal kurmak nasıl da önemliydi!

Herkes çocukluğunda, gelecekte ne olacağıyla ilgili hayaller kurar. Hayallerimizdir bizi büyüten ve bir yandan da çocuk tutan. İşte bu yüzden bulutların üzerinde hayaller kurduğum uçak yolculukları bana her zaman çok iyi gelir. Havalimanlarında ve uçaklarda farklı kokulardan, seslerden, konuşmalardan, insanların yarattığı ahenkten doyasıya esinlenir ve öğrenirim. Hep, bir arada ne kadar uyumlu olduğumuzu fark ederim her seferinde. Aynı evde, kendi küçücük yuvamızda bazen küçük bir aile bile olamazken, o uçakta herkesle birlikte bir uyum yakalarız.

Peki, tüm bunları yazdıktan sonra şimdi size çocukluğumda hatırladığım en güçlü duygunun hiçbir yere ait olmama hissi ya da her yere ait olma arzusu ya da hiçbir sınır tanımama ama yöresel kurallarla çevrili olma hâli olduğunu söylesem?

Özgürlüğün anlamını sorgulamaya başladığımda altı yaşımdaydım. Her yere götürdüğüm küçük ama epeyce kalın bir ansiklopedim vardı. Sürekli okuduğum, dünyayı insanların hikâyeleri üzerinden öğrendiğim bir rehberdi benim için. Okumanın özgürlüğünü tattığım günden beri biyografiye duyduğum inanılmaz hayranlık, genç kızlığımda da devam etti. Hayatları, hikâyeleri dinlemek, duyguları hissetmek istiyordum. Ancak o zaman inandırıcı oluyordu her şey. Yaşanmışlık kokuyordu. İşte bu yüzden okullarda daha çok konuşmacı olmalı diye düşünürdüm. Öğrenmek ilham almakla, öğretmek ise ilham vermekle başlıyordu. Keşke okullarda bize bir şeyler öğreten öğretmenlerin de kendi hikâyelerini dinleyebilseydik.

Ebeveynimizin dahi hikâyesini bilmeden büyüyoruz. Hiç böyle düşündünüz mü? Çocuğumuza karşı ne kadar dürüst olduğumuzu? Ya da ebeveynimizin bize karşı ne kadar dürüst olmayı seçtiğini?

Dürüstlük, olan bitenin, hissedilen ve yaşanılanın olduğu, hissettirdiği ve yaşandığı gibi aktarılmasıdır. İkili ilişkilerden eğitime, en çok düşündüren şey, ne kadar dürüst olduğumuz ve dürüst olmak için cesarete ne kadar ihtiyaç duyduğumuz idi. Bana *Doğrucu Davut* dediler tüm öğrenim hayatım boyunca. Korkmadan, çekinmeden düşüncelerimi tarafsızca ve çoğu zaman da dolandırmadan söylediğim için.

Her şeyin basit bir açıklaması var aslında. Çocuklarımızla neden oynamadığımızın, neden sevdiklerimize sarılmak isterken onlardan uzak durduğumuzun ya da babam gibi neden çocuklarımızı onlar uyurken sevdiğimizin... Kendimiz olmaktan, olduğumuz gibi olmaktan gizlenmek. En kırılgan hâlimizi, gözyaşlarımızı, şefkatimizi karşımızdakinden sakladıkça cesaretimiz de öfkemiz ve korkularımız arkasında gizleniyor.

Her şeye verilecek bir cevap, bir bahane bulunabilir bu hayatta ve her şeyin somut bir açıklamasını verebilir bilim sana. Ama hiçbir bahane önce kendine sonra da çocuklarına borçlu olduğun neşeyi fark etmenin önünde bir engel değil. Çocuklarımız bu zorlu dünyaya hazırlamamız gereken küçük askerler değiller. Onlar en iyi eğitimi alması gereken; insanlığın, aklın, zekânın, başarının en kutsal ya da en iyi örnekleri olmak zorunda değiller. Ama onlar bulundukları şartların en mutlu çocukları olmak zorundalar. İçlerinde mutlu olma aşkı ve yaşam sevinciyle doğmuş minicik ruhlara sadece ışık olmamız gerekiyor.

Rehberliğimiz ışık olmalı.

Ancak kendi güçlerini, sevgiden aldıkları gücü fark ettiklerinde kendi bedenlerinin, ruhlarının en iyisi olabilirler. Yapabileceğiniz en tehlikeli şey onları kalıba sokmaktır. Anne-babanızdan, öğretmenlerinizden, kendi hayatınızdan edindiğiniz, duyduğunuz ve gördüğünüz tecrübelerle onları kalıplara sokmak. Çocuklarımızı bir icat, kendimizi de bir mucit gibi görerek yaşamları şekillendirme egosu. İşte en tehlikeli şey bu! Saf bir zihni, yaşanmışlıklarla doldurmak. Uçsuz bucaksız bir algıda kasten seçicilik, perspektif yaratmak.

Anne-baba olmak hayatın ne kadar hızlı akıp geçtiğini anlayabilmenin en kestirme yoludur. Yaşanılan her şey unutulur gider, sadece kutlamalar ve yaslar dışında.

SEVİLMEKTEN KEYİF ALMAK

Neyi nasıl kutlayacağın, hayatını ne kadar neşeyle donatacağın, bugün alacağın kararlardan ibarettir. Çocuğunla, eşinle, dostunla bugün nasıl vakit geçireceğin, bulunduğun ana ne kadar özveri, coşku, sevgi, adanmışlık katacağınla ilgilidir. Çocuklar, arkadaşlar, insanlar bizim yansımalarımızdır. Nasıl bakarsak onu görürüz.

Aynı şekilde ilişkilerimiz de öyle. Kiminle bir sorun yaşıyorsak bu, sevgi eksikliğindendir. Duygulara temas etmeyen bir ilgisizliğin sonucudur. Dengeli bir ilişkide, iletişimde aşırılık olmaz. Bu noktada sorulacak en doğru soru, kendimize yönelik olmalıdır. Kendimizle olan ilişkimiz nasıl? Kendisiyle ilişkisinde dürüst, sevgi ve ilgi dolu olmayan bir bireyin, eşin, dostun, anne-babanın başkalarıyla dürüst ve sevgi dolu bir iletişim kurması mümkün olamaz.

50 yaş üstü kadınlarla yaptığım neşe çalışmalarında, seans sonunda onlara şunu söylüyorum: "Şimdi aynaya yaklaşın, kendi gözlerinizin içine bakın ve kendinize duymak istediğiniz, duymaya çok ihtiyacınız olan bir şey söyleyin ve bunu sevgiyle kabul edin. Sonra da daha dikkatlice bakın gözlerinizin içine ve *seni seviyorum* deyin. Kendinize, içinizdeki deli dolu kadına, yaşam sevinciyle koşturan genç kıza, kahkahalar atan küçük çocuğa *seni seviyorum* deyin. Kendimizi olduğumuz gibi, en saf hâlimizle kabul ederek ve severek başlamalıyız iletişime. Daha da önemlisi sevgimizi önce kendimize göstermeyi, paylaşmayı öğrenmeliyiz. Sevilmekten keyif alarak! Kendini sevmekle kendini beğenmişliğin birbiriyle hiçbir alakası olmadığını kabul ederek...

KAHKAHA ATMANIN GÜCÜ

En son ne zaman düşündüm acaba Selen ne sever diye? *Ne istersin* ile *ne seversin* aynı şey miydi? Ben bu soruyu hep *ne istersin* ile aynı olarak düşünmüştüm. Kasım 2015'te kendime bu soruyu sorduğumda özel bakım odasında, Lydia'nın elini tutuyordum.

Hemşirelerden biri "Bir şey ister misiniz?" dedi, "Bir şeye ihtiyacınız var mı?" O sırada aklıma bin tane şey geldi. Hızlıca akıp gittiler gözümün önünden. Lydia iyi olsun istiyorum; onunla oynamak, gülmek, dans etmek, seyahat etmek, şarkı söylemek istiyorum. Tatile gitmek, insanlarla bir arada olmak, farklı kültürler keşfetmek, fikirler üretmek, projeler tasarlamak, dünyayı daha adaletli ve neşeli bir yer yapmak istiyorum. Şu an hasta olan çocuklara bir şekilde ilaç, su, yardım ulaştırabilmek istiyorum...

Hemen şimdi, kendi çocuğumdan başlayarak bir şeyler yapmalıydım. Bir sürü, bir sürü şey geçti aklımdan. Ve dönüp Lydia'ya baktım. Bu deli dolu kadın şimdi en çok sevdiği kızını mutlu etmek için, onun hayatını kolaylaştırmak için ne yapabilirdi? Böyle zamanlarda yalnız olmak çok zordur ama çok da iyi gelir insana; kendi gücünü keşfetmesi ve tam da ihtiyaç duyduğu gücü bulması için. O anda aynen böyle sihirli bir şey oldu. Sanki kalbimden kemiklerime yayılan bir güç beni mutlulukla sarmaladı.

Uykusuzluğun, şaşkınlığın, açlığın verdiği ne yaptığını bilmeme, rüyada olma hâlinin dışında çok gerçekçi, elle dokunulup tutulabilecek bir şey oldu. Kulağımda Lydia'nın kahkahaları çınladı. Lydia'nın en sevdiği şey, her çocuk gibi, aslında her insan gibi gülmektir dedim kendime. Özel bakımda yaşam ünitesine bağlı yatan, yarı uykulu yarı uyanık Lydiamın kulağına eğilip şöyle dediğimi hatırlıyorum:

"Burada çok komik şeyler oluyor. Ortası delik bir sandalyeye tuvalet diyorlar. Bu hemşireler çok komik olmalı."

Ve gülmeye başladık. Lydia'nın ne zaman çişi gelse yaşasın, tekerlekli tuvalet gelecek deyip gülüyorduk. İşte mutlu olmak böyle anlık bir şeydi. Ve bir çocuğun, savaşan bir ruhun ya da yorgun bir annenin en çok ihtiyacı olan şeyin ta kendisiydi.

Bebeğinizle, çocuğunuzla dans edin dediğimde tam da bundan bahsediyorum işte. Karşılaşacağınız her zorlukla dans etmek. Dürüstçe! Gizlenmeden, kaçmadan. Çünkü ancak o zaman neşe, bize en karanlık anlarımızda bile göz kırpar.

DANSÇI GİBİ YAŞAMAK LAZIM

Dansçı gibi yaşamak lazım hayatı dediğimde ilk ne geliyor aklınıza? Hareket etmek, dönmek, zıplamak, fit olmak, esnek olmak, rahat olmak, sahneye çıkmak, insanları eğlendirmek, müzikle uyumlu olmak, şov yapmak, az yemek, değişik kostümler, parlak ayakkabılar? [illegible] ne geliyorsa aklınıza şimdi dansla ilgili bildiğiniz, doğru kabul et- [illegible] ıpları ortadan kaldırma zamanı!

[illegible] vücudu dansçı doğar. Siz de bir dansçısınız, hem de en [illegible] ıden. Hiç kimsenin size nasıl dans edileceğini öğretmesine ihtiyacınız olmadığı gibi, dans edip etmeyeceğinizi, hayatınızda dans edecek biri olup olmadığını ya da dansı sevip sevmediğinizi de sorgulamanıza gerek olmayacak kadar tepeden tırnağa dansçısınız! Gözlerinizin görüp görmediği, kulaklarınızın duyup duymadığı, bacaklarınızın yürüyüp yürümediğinden bağımsız bir şekilde dansçısınız hem de!

Bu satırları okurken gözlerinizin inanılmaz bir rutin içerisinde hareketi ve harfler üzerindeki akışı bu dansın bir parçası. Ya da parmaklarınızın noktalar üzerinde ilerleyişi, her bir kabarcığı hissederken beyninize gönderdiği muhteşem sinyaller de öyle.

Şu an nefesinizi bir an için tutup bıraktığınızı fark ettiğiniz an; dansın ta kendisi!

Oluşmaya başladığımız ilk anımızda başlar dans. Doğduğumuzda ilk nefesimiz, her gün uykuya olan yolculuğumuz, uyanırken zihnimizin uykudan uyanıklığa geçişindeki döngüsü danstır. Dinlenirken kalp atışlarımızın yavaşlaması, koşarken hızlanması danstır.

Kalbimize pompalanan kanın damarlarımızda dolaşması, içimize çektiğimiz havanın ciğerlerimize dolması danstır. Zihnimiz de vücudumuzun dansına eşlik eder. Hissettiklerimiz söz olur, yazı olur, hareket olur, ses olur, bakış olur, temas olur.

Her bir hücresi ayrı bir ahenkle kuşatılan biz, zihnimizin vücudumuzla dansına tanıklık etmeyi her hatırladığımızda şifa buluruz. Şu an harika hissediyorum dediğin anları hatırla! İşte o an kendi muhteşemliğine, hayatına, sahip olduklarına farkında olmadan şükran duyduğun andır. Ben buna ruhun dans etmesi diyorum. Kalbinin özgürleşmesi, düşüncelerinin yargılardan, kimliklerden, kaygılardan, doğru kabul ettiğin yanılsamalardan arınması...

Yaratımı, kâinatı, evreni, yaşamı, canlıları, oluşan, dönüşen her şeyi şükranla sevgiyle kabul etmek ve bu ahengin içerisinde sadece ve sadece kendi rolünü dans etmeye gönüllü olmak. Bir dansçı gibi yaşamak lazım hayatı diyorum, işte tam da bu yüzden! Kendi muhteşem yaratılışımızdan örnekle yaşamalı.

Bir dansçı gibi özenle yaşamak lazım.

GÜCÜNÜ NEŞEDEN ALAN YETİŞKİNLER

Kitaplarda bahsedilen kötü cinler, şeytanlar, cehennemler falan var ya, işte bana göre onlar bizim karanlık duygularımız. Bizi derine götüren, en üzgün anlarımıza kilitleyen, paylaşmaktan, itiraf etmekten, zor anlarımızı kucaklamaktan alıkoyan duygular.

Hepimizin içinde karanlık ve aydınlık var aynı gündüz-gece gibi. Hepimiz duygulardan, düşüncelerden, hassasiyetten ve katılıktan aynı miktarda barındırıyoruz kalbimizin derinliklerinde. Kimi zaman karanlıkta demlenip çiçek açıyor duygu ve düşüncelerimiz, kimi zaman da gün ışığından yorulup dinlenmeye çekiliyor.

Kendini olduğun gibi kabul ettiğin an, karanlık ve aydınlık yanlarınla seni üzen ve mutlu eden yaşanmışlıklarla hayatına bir şekilde dokunmuş iyisi ve kötüsüyle tüm ruhları kabul ettiğinde ancak kendine karşı yüzde yüz dürüst olabiliyorsun. Ve yüzde yüz dürüst olmak, huzur, kabulleniş ve sevgi, seni dönüştürüyor.

Böyle yetişkinler lazım bugünün çocuklarına. Kendileri olmaktan mutlu, yaşadıkları her şeyden gurur duyan, sadece bu hayatta var olarak, bir ruha şefkatle rehberlik ederek bile ne kadar büyük bir güç taşıdığının farkında olan ve gücünü neşeden alan yetişkinler.

HAFTALIK NEŞE İKSİRİ

Çoğunluğu elliyle seksen yaşları arasındaki kadınlardan oluşan epey kalabalık bir dans dersim var. Yıllardır uyguladığım, sonralarında Joimove markası adı altında Joimove Ladies programına dönüşen bir saatlik bir neşe hareketi dersi. Dans ettiğimiz kadar kendimizi bulduğumuz, bir arada neşe içinde var olduğumuz, harika bir platform. Ne zaman bu ders için hazırlanıyor olsam içimde kıpır kıpır bir his uyanıyor. Bugün nasıl hissediyorlar acaba? Neler yaşayacağız, neler paylaşacağız bugün diye düşünüp derse gitmek için sabırsızlanıyorum.

2016 yılının Mart ayında yine bir pazartesi sabahı derse doğru yola koyulmuştum. İyi ki bu ders var diyordum kendi kendime. Ne kadar şanslıyım şu an bu harika derse girip kırk harika kadınla birlikte dans edeceğim için! Onlarla kahkaha atmak, rock'n'roll yapmak için sabırsızlanıyorum. Acaba bugün bale setinde hangi müzikte dans etsek? Dersin sonunda hangi meditasyonu yaptırsam hepimize iyi gelir?

O sırada son zamanların en soğuk havası hâkimdi İskoçya'da. Sabah eksi beşe uyanmıştık ve bu katılımcıların evlerinden çıkıp dansa gelmeleri için epey caydırıcı bir etkendi. Sonra kendimi düşündüm. Kızım beş gündür hastanede kalıyordu, yarın çıkıp çıkamayacağı belli değildi ama ben dans dersimdeki harika kadınlarla buluşmak için binaya doğru yürümüyor adeta koşuyordum.

Binaya yaklaştığım sırada katılımcılardan birine rastlamıştım. İkimiz de kulaklarımıza kadar varan bir gülümsemeyle merhabalaşmış ve sohbet etmeye başlamıştık. Hafta sonun nasıl geçti, ailen nasıl derken ikimiz de Joimove'a gidiyor olmanın heyecanıyla bir anlık dahi olsa unuttuğumuz başka gerçekleri tekrar hatırlarken bulmuştuk kendimizi. Dansa gelmeden önce ve danstan sonra devam eden bazı gerçekler vardı ikimizin de hayatında.

Ben kızımın ateşi çıktığı için haftasonunu hastanede geçirmiştim. Neredeyse hiç uyumadan geçen iki günün ardından nöbeti pazartesi sabahı eşime devretmiş, şehrin bir ucundan öteki ucuna seyahat ederek dersime gidiyordum.

Yolda karşılaştığım arkadaşımın eşi diyaliz makinesine bağlı bir hayat sürdüğü için acil bir durumun ne zaman çıkacağı belli olmuyordu. Onlar da geçen haftayı hastanede geçirmişti ve arkadaşım da aynı benim gibi dersten sonra hastaneye geri dönmek üzere iki saatliğine çıkmıştı. Bu kısa ama yoğun sohbetin ardından birbirimize bakıp öyle bir şey söyledik ki yıllar sonra bile, bugün gibi hatırlıyorum: "Biz de birazdan haftalık neşe iksirimizi içip hayatımıza geri döneceğiz."

Ve öyle yaptık!

Haftasonu hiç uyumamış olmama, havanın aşırı soğukluğuna, ders vereceğim binanın şehrin öteki ucunda olmasına rağmen yine de gidiyordum. Bu davranışımın ne dersten alacağım saat ücretiyle, ne idealist ya da disiplinli olmamla ne de bunun benim işim olmasıyla alakası vardı. Gidiyordum çünkü bana *iyi* geliyor ve onlara *iyi* hissettiriyordu. Çok eğleniyorduk. *Hayat dolu, coşkulu, neşeli* hissediyorduk. İksir gibi bir şeydi. Harika bir şeydi! Ve o gün dersi yine, her zamanki gibi tam katılımcı sayısıyla yapmıştık.

Şimdi size soruyorum: Bizi çok kolay olan bazı şeyleri yapmaktan alıkoyan ama bu denli zor gözüken bazı şeyleri de gönülden yapmamıza sebep olan duygu nedir? En çok ne zaman bahane üretmeye meyilliyizdir? Ya da bazı şeyler için ne riskler alırız ama bazı durumlar için kılımızı bile kıpırdatmayız. Neden böyle oluyor?

Siz de bugün size *iyi* gelen şeylerin, anların, olayların, kişilerin, deneyimlerin listesini yapar mısınız? Bakalım ne çıkacak?

Hayat kısa! Bize iyi gelen şeylerin değerini iyi bilmek lazım...

İKSİR ODASI

Dans etmek, hareket etmek harika! Müzikler ve eşlik ettiğimiz şarkılar da harika! Ama bu, az önce bahsettiğim, *hayat iksiri* dediğimiz mucizevi etkiyi yaratan ne biliyor musunuz: bir arada olmak!

Kırk farklı katılımcının sahip oldukları apayrı enerjilerden pozitif bir dönüşüm yaratması: Ben-sen olmaktan çıkıp *biz* olmak.

Joimove yaptığımızda öyle inanılmaz değişiklikler hissediyoruz ki! Öncelikle zihnimiz dinginleşiyor. Düşüncelerin yerini hisler alıyor. Ne hissettiğimizi düşünmeden, sadece hissediyor oluyoruz. Etrafımızdaki diğer katılımcıları, bize benzeyen ve benzemeyen herkesi sorgulamadan, yargı süzgecimizden geçirmeden görmeye başlıyoruz. Her an ve her saniye kalp gözümüz açılıyor. Böyle bir çalışmadan çıktığınızda size söylenen her şeye, aldığınız her habere karşı yaklaşımınız dahi değişiyor. Olayları daha neşeli, yapıcı, olumlu bir perspektiften görüyor, duyuyor, anlıyorsunuz.

Dans ve neşe, hayatla aramızda öyle bir köprü kuruyor ki işte iksir etkisi yaratan şey burada başlıyor.

Farklı yaşlardan, farklı kültürlerden, farkı hayatlardan gelen diğer katılımcılarla birlikte aynı dansı, enerjiyi deneyimliyoruz. "Ben kimim?" sorusu yok, "Ben ne yapıyorum?" sorusu yok! Hareket başladığı an inanılmaz bir farkındalık da başlıyor: "Ben neyim?"

Ben bir *mucize*yim. Her an, her saniye çarpan kalbim, alnımdan süzülen su damlası, içime çektiğim nefesle ben bir mucizeyim. Burada hepimiz, birer mucizeyiz. Hepimiz bir arada öyle bir iyileştirici güç yayıyoruz ki etrafımıza, bu oda âdeta bir iyileşme, gençleşme odasına dönüşüyor.

CESARET SANDIĞIN ASLINDA NE?

Küçüklüğümden beri ne zaman haber izlesem hep aynı şeyi düşünürüm. Ne kadar çok kötü şey oluyor bu dünyada! İnsanlar bu kötülükleri neden yapıyorlar? Haberler mi tek taraflı sunuluyor acaba? Bilginin kaynağı nereden geliyor? Bu sorular döner durur aklımda ve onların öylece kötü olduklarını, sadece izlediğim ya da duyduğum, okuduğum bir haberle kabullenemem. *İyi bir savunma avukatı olur senden,* derdi bir arkadaşım, herkesle empati yapmaya çalışmam ve herkesin haklı olabileceği noktalara duyduğum merak yüzünden.

Çocuklarımızı hangi değerlerle yetiştirdiğimizden önce, kendimizde hangi değerlerin öncelik taşıdığı çok önemli. Birincil değerin nedir? Şefkat mi? Sevgi mi? Başarı mı? Hayırseverlik mi? Güç mü? Para mı? Adalet mi?

Anne ve babanın değerleri, inanışları ve yaşadığı toplumun *doğru* kavramıyla şekillenir çocuk bilinci. İşte en büyük sorumluluk da budur. Henüz konuşamayan, kendi kararlarını vermekle mükellef olmayan ruhların, bedenlerin, zihinlerin yerine konuşmak, hareket etmek, karar vermektir. Aslında en büyük korkumuz, çocuklarımızın üzüldüğünü görmek. İşte tam da bu yüzden kurallara uyan, risk almaktan kaçınan, duygularını gizleyen, hata yapmaktan korkan, itaatkâr yeni nesiller yetiştiriyoruz. İşi garanti olsun, aklımız arkada kalmasın. Varsın sevmediği işi yapsın, sevmediği kişiyle evlensin ama zor günler yaşamasın.

Şunu unutuyoruz! Acı her zaman insanlardan, eşyalardan, sistemlerden gelmez. Bazen hayatın önümüze çıkardığı acılar, engeller, kendi bedenimiz, zihnimiz içinde var olan acılardır. Çocuklarımızın, sevdiklerimizin yüreklerinde, organlarında elle tutulan, gözle görülen acılar olabilir bizim ancak tanıklık edebileceğimiz.

İşte burada bu küçük kalplerin ihtiyacı olan şey, hayatın ne kadar da acımasız olabileceği gerçeğiyle sizin göz bebeklerinizdeki hüzün aracılığıyla yüzleşmek değil, hayatın her şeye rağmen ne kadar özel olduğunu, kutlanmaya değer olduğunu sizin göz bebeklerinize yansıyan kendi yüzlerinden görmeleridir. Bu ancak ve ancak katıksız neşeyle mümkün olabilir. Çarpan her bir kalp ritmine, yaşam mucizesine tanıklık edilen her bir saniyeye duyulan hayranlık ve bu hayranlıktan yayılan saf neşeyle mümkün olabilir.

İşte bu, iyileştirici güçtür. Hepimizin içinde var olan, iyileştiren güç! Bu güç bize şarkı söyletir; dans ettirir; korkulu duvarlarımızın üstünden atlatır; gidilemeyecek, yapılamayacak gibi gözükenleri yaptırır; açılmayacak kapıları, kalpleri açtırır. Bunun adını *cesaret* zannederiz ama adı aslında *neşe*dir. Yaşama ve içimizdeki güce duyduğumuz neşe. İşte çocuklarımız da bu neşeden beslenir, güç bulur; en zor anlarında dahi. Hayat her ne getirirse getirsin, bize kalan en saf hatıra, cesurca ve sınırsızca paylaştığımız neşemiz olmalıdır.

Gülümse! Seni sen yapan her şeye teşekkür et! Seni sana unutturanları, bunu sana yapmalarına izin verdiklerini bağışla! Yaraladıklarından, kalbini kırdıklarından af dile! Ve seni seviyorum de! Önce kendine!

YEMEZ İÇMEZ BAYRAMI

Lidya'nın omurgadan kemoterapi alacağı günler hepimize uzun geliyordu. Oruçlu olması gerektiği ve neden yiyecek, içecek bir şey vermediğimizi anlatmak, işin en zor kısmıydı. İlk başlarda aramızda bir oyun oynayarak atlattık bu günleri. *Yemez içmez bayramı* dediğimiz bir oyun uydurduk Lydia ile. "Biliyor musun, bugün yemez içmez bayramı. İstediğimiz zaman yemek yiyebilmenin, su içebilmenin önemini anlamak için bugün hastanede bu bayram kutlanıyor. Günün sonunda istediğin şeyleri yiyebiliyor olacaksın ve bu seni her zamankinden çok mutlu edecek, her zamankinden lezzetli gelecek."

Sonraları Lydia bu oyunun gaz maskesi ve uyku odasıyla bittiğini anlamaya başladı. Yemez içmez bayramı olduğu zaman bizden bir süreliğine ayrılması gerekeceğini de artık biliyordu. İşte bu noktada en sevdiği çizgi film kahramanlarının çıkartmaları yardımımıza yetişti. Uykuya gitmeden önce çıkartmaları düşünerek heyecanlanıyor ve uyandığında yastığının altından başka hangilerinin çıkacağını merak ederek uykuya dalıyordu.

Uyandığı zaman yanında bizi görmemesi bu oyunun en zor kısmı oldu benim için. Burada müdahale edebileceğim, oyuna çevirebileceğim hiçbir çıkış yolu yoktu. Ameliyathane odasından ancak ayıldıktan, biraz olsun kendine geldikten sonra çıkmasına izin veriyorlardı. Lydia uyanıp elinde kanulaları takılı görünce morali bozuluyor, bizi göremeyince de haklı olarak korkuyordu. Hemşireler harikaydı. Her zaman çocukları rahatlatmak için yanlarındaydılar. Ama Lydia bizi istiyordu. Belinde yapıştırılmış bir şey olduğunu hissettiğinden, bana ne yaptılar, başka ne yapacaklar endişesi taşıyordu.

Tedavi boyunca yirmiden fazla omurgadan verilen kemoterapiyle bu süreci tekrar tekrar yaşayacaktık. Bu terk edilmişlik ve korku hissini biraz olsun azaltabilmek için Lydia'nın yanına çok sevdiği battaniyesi ya da oyuncağı dışında bir şey daha bırakmaya karar verdim. Bana ya da babasına ait bir şey. Kimi zaman bileziğim, kitabım, anahtarlık... Lydia'nın uyandığında bize ait herhangi bir şeyi yanında görmesi çok yakınında olduğumuza dair inancını güçlendirdi.

SARILMANIN GÜCÜ ADINA

Hastanede geçen üç yıl zarfında dünya tatlısı çocuklar gördüm. Ve tabii onların anne babalarını da. Gözlerinden, sözlerinden çıkarabildikleri kadar umut çıkarmaya çalışan, güçlü durmaya gayret eden, gözleri dolu dolu, sözleri boğazında düğümlenen genç kadınlar ve erkekler...

Hepsi otuzlarında, hepsi senin benim gibi. Hepsi şaşkın, en beklemediği anda, en bilmediği yerden gelen yeni bir hikâyeyi yaşamaya başlamış. İşte tam da o anda, en çok ihtiyaç duydukları şey, kocaman bir kucaklama. Anlamamıza, bilmemize ya da aynısını yaşamış olmamıza gerek olmadan paylaşılacak kocaman bir kalp!

Biz büyüdüğümüz sırada içimizdeki çocuğu saklamayı öğrendik. Güçlü olmak demek; ağlarken hıçkırıklarda boğulmamak, acılarımızın üzerine yutkunup gülümseyebilmek demekti.

***

Lydia'ya kan nakledilmesi gerektiği o yine uzun süren günlerden birinde kızımız yatağında uyuyor, ben de kaldığımız odanın camından aşağı bakıyordum. Hastanenin girişini, bekleme alanını ve kafelerin olduğu yeri görüyordu penceremiz. Orada, aşağıda bir adam gördüm; bir koltuğun üzerine tek başına çökmüş, ağlıyordu.

Çocuk hastanesiydi burası ve büyük ihtimalle çocuğuna bir şey olmuş olmalıydı. Ne olduğunu bilmiyorum, sormadım da. Sadece aşağı indiğimi, yanına gittiğimi ve onun acısına eşlik etmek için izin istediğimi hatırlıyorum. Birbirimize hiçbir şey söylemeden, sormadan ağladık. Hıçkırıklarla ağladık. Biraz daha rahatlayınca başımızı kaldırıp önce sessiz biçimde hastanenin duvarlarına sonra da birbirimize baktık. "Teşekkür ederim" dedi. "Ben teşekkür ederim" dedim.

Kocaman sarıldık, sanki iki devin kucaklaşması gibi. O kahve almaya gitti, ben de yukarı, Lydia'nın yanına çıktım.

COŞKULU OLMA HÂLİ NE İŞE YARAR?

Hâlbuki daha bir gün önce Lydia ile harika bir gün geçirmiştik. Dans dersimden sonra arkadaşlarımızla yemeğe çıkmış, kütüphaneye kitapları verdikten sonra Lydia'nın arkadaşının evinde oynamaya gitmiştik. Bu bol arkadaşlı, sosyal ve normal günleri ayda bir iki-kez yaşadığımız için de artık çok iyi öğrenmiştik kıymetini bilmeyi.

Akşamüstü mutlu mutlu evimize gelmiş ama Lydia'nın bir anda yükseliveren ateşiyle kendimizi hastanede bulmuştuk.

Kemoterapiden ve ilaçlardan dolayı Lydia'nın kan değerlerinde düşüş olmuştu ve kan nakli yapılması gerekiyordu. Hafta sonunu bir odada geçirecektik. Enfeksiyon riskinden dolayı, Lydia'nın odasından çıkmaması gerekiyordu.

Bu sefer kalacağımız oda, muhteşem bir tesadüf sonucu, Lydia'nın bu hastaneye bir yıl önce ilk kez geldiğinde kaldığı odaydı. Yani kızımızın her yere yanında götürdüğü oyuncağı, *Daisy Bebek*'in ona hediye edildiği, hastanede kaldığımız uzun haftalar sırasında camından, aşağıdaki yeni yıl kutlamalarını izlediğimiz oda! Bu tesadüf hepimizi çok mutlu etmişti. Ne kadar fazla güzel hatıra biriktirmiştik bu odada... Evet, acı dolu, zor günlerdi belki ama bir sürü de neşeli anımız vardı.

Bu tesadüfü kutlamaya karar verdik. Tekrar bu odada olduğumuz için ne kadar şanslıydık. Daisy'nin doğum günü ilan ettik o günü ve odayı onun parti odasına dönüştürdük.

Kâğıtlardan parti süsleri hazırladık, ben telefonumdan doğum günü şarkıları çaldım. O gün üzülmeyi, hayal kırıklığını ve şikâyet etmeyi seçmedik; eğlenmeyi, kutlamayı ve hatta coşmayı seçtik!

Lafı nereye getirmek istiyorum biliyor musunuz? Ufak hesaplar, hayal kırıklıkları, endişelerle geçirdiğiniz her dakikayı hemen şimdi üfleyip havaya uçurmalısınız. Ve yaşadığınız şu anı hemen, şimdi kutlamaya başlamalısınız. *Neşeyi* seçmelisiniz...

İNANDI... VE ÖYLE DE OLDU!

Bir süre sonra yine rutin tempomuza dönmüştük. Lydia'nın hastaneye son yatışının üzerinden aylar geçmişti ve her şey harika gidiyordu. Uzun zamandır ilk kez kızımla doğada gezmeye çıkmıştım. Bütün gün dışarıda olmanın; güneşin, ağaçların çiçeklerin tadını çıkardık. Lydia tam bir yıl aradan sonra o akşam ilk kez tango dersimize katıldı. Nasıl da mutluydu...

Uyumadan önce kalabalığın içinde olmayı ve dans etmeyi ne çok sevdiğini anlattı durdu. Dediğine göre muhteşem bir gün geçirmişti. Sabaha karşı rahatsızlandı, yedikleri içtikleri midesinde durmuyordu. Hastaneye geldik. Tahliller yapıldı. Çok şükür olumsuz bir şey çıkmayınca akşam sularında eve döndük. Zorluklarına rağmen yine de harika bir hastane günüydü ve o gün asla unutamayacağımız iki mucizevi olay yaşamıştık.

Lydia'yı hıçkırık tuttu; su, limon hiçbir şey veremediğimiz bir andı. Limon, limon diye ağlıyor çünkü limonun hıçkırığı kestiğine inanıyor. Ben de, "O zaman gerçekten yemiş gibi yap" dedim. "Ama limon yok!" dedi. "Beynin yok olduğunu bilmiyor, sadece limona ihtiyacı olduğunu düşünüyor, haydi şimdi ona istediği limonu verelim" dedim. Bu kafa karıştırıcı açıklamamdan ne anladı bilmem ama "Tamam!" dedi.

Ona limonu kestiğimi, suyunu çıkardığımı ve ne kadar ekşi olduğunu dilinin üzerinde hissetmesini, boğazından geçerken dişlerinin kamaşmasını düşünmesini istedim. O anda hıçkırığı geçti! Belki tesadüftü, belki de gerçekten kendisi durdurdu. Önemli değildi! Lydia ilk kez o an bilinçli olarak kendi gücünü fark etti! Nasıl bir sevinç, nasıl bir kutlama yaşadık, anlatamam!

Akşamüstü tahlillerini beklerken odada gergin bir hava esiyordu. O esnada vücudu susuz kalmasın diye Lydia'ya su içirmeye çalışıyorduk. O da korkuyordu: ya su geri gelirse, ya midesinde durmazsa, ya doktorlar kusmaya devam ettiğini görüp bizi hastanede tutmak isterlerse. "Nasıl gidecek su aşağı?" diye soruyordu sürekli. Benden net ve ikna edici bir açıklama bekliyordu.

Lydia'nın soruları karşısında çaresiz hissettiğim bir anda aklıma parlak bir fikir geldi. İnternetten sindirim sistemimizin nasıl çalıştığını anlatan "How Our Body Digest" adlı videoyu açtık. Tüm süreci baştan sona izledik. Lydia vücudumuzun çok akıllı bir mekanizmaya sahip olduğuna ikna oldu. Videoda izlediği sistemin aynısının şu an kendi vücudunda çalıştığını düşündü. Midesini her ne huzursuz ettiyse şu an geçmişti ve eğer her şey yolundaysa, sindirim sistemi de gerektiği gibi çalışmaya devam edecekti. Ve öyle de oldu!

AĞLAYABİLDİĞİM TEK YER

Akşam olunca eve dönmüştük. Salondaki uzun, beyaz kanepenin üzerinde oturuyordum, kucağımda yeni yıkanmış çamaşırlarla. Pencerenin kenarında eşim ve Lydia vardı. Lydia, Daisy bebekle ilacını içtin mi oyunu oynuyordu.

Sen o güne kadar ilaçsız, doğal yöntemlerle büyüt kızını, şimdi de kendi ellerinle ver kemoterapileri... Hem de her gün, yıllarca. İstemese de, ağlasa da ver, zorla!

Dördüncü kür tedavinin en yoğun safhasıydı. Bu kürü atlatabilmek için benim bile ilaçlara, sakinleşmeye ihtiyacım vardı. İlaçla işi olmayan biriyken bir sürü ilaç kullanan birine dönüşmüştüm. Yalnız kalabildiğim tek yerin tuvalet olduğu iki yıl geçirdim. Ağlayabildiğim tek yer tuvaletti. Her gün yaklaşık beş dakika kadar orada tek başıma kalıp ağlayabiliyordum. Buna da şükrediyordum.

1986-1996 yılları arasında İstanbul Üniversitesi Devlet Konservatuvarı ve Atatürk Kültür Merkezi'nde çekilmiş fotoğraflarım.

2009 yılında Antalya'daki Akdeniz Üniversitesi Devlet Konservatuvarı'nın Bale Ana Sanat Dalı öğrencilerine ders anlatıyorum.

Eşim ve aynı zamanda dans partnerimle 2008 International Dance Organisation Tango Yarışması'na hazırlanıyoruz.

Bale öğrencimle ustalık sınıfı yapıyorum [Antalya, 2009].

Lydia ile İskoçya'daki ilk aylarımızdan bir kare (Glasgow, 2012).

Sol: Lösemi tedavisinin ikinci haftasında Lydia ile dans ediyoruz [İstanbul, Kasım 2015].
Orta ve sağ: Lydia, Cancer Research UK [Birleşik Krallık Kanser Araştırma Vakfı]
'Yıldız Çocuk' ödülünü alıyor [Glasgow, 2016].

Sol: Lydia ile 'Bebeklerle Dans Projesi'ni anlatmak üzere BBC Radyosu'nun canlı yayınına davet ediliyoruz [Glasgow, 2014].
Sağ: Çağdaş Bale Topluluğu'nun sahnelediği 'Medea' adlı esere adını veren rolle sahnedeyim. [İstanbul, 2001].

2011 yılında bale öğrencilerimle Royal Academy of Dance sınavlarından önce.

Joimove'un 'Get Scotland Dancing' için düzenlediği bir bağış etkinliği (Glasgow, 2014).

Reebok

Joimove topluluğu fotoğraf çekimlerindeyiz (Glasgow, Haziran 2015).

KIDS OF COURAGE YOUNGSTERS HIT BY

Leukaemia left me unable to walk .. now I'm mum's dancing queen

MORE AT DAILYRECORD.CO.UK

CLAIRE VISITS STAFF WHO HELPED HER

Brave Lydia's book for charity

Who better t cancer nurse someone wh beaten leuka

Mum backs appeal to bring more clinical t

METRO Friday, November 18, 2016

Child cancer death rates fall as young star shines

by STEPHEN DEAL

THE number of children dying from cancer in Scotland has fallen by 36 per cent in the last 20 years, figures show.

Cancer Research UK Kids & Teens, which released the statistics, said the fall has been prompted by more research and better treatments.

The number of children dying from all forms of cancer in Scotland fell from round 30 under the age of 15 between 994 and 1996 to 22 in 2013-15.

Around 130 children are diagnosed ith cancer in Scotland every year and eir bravery is being recognised by charity with a special award.

he Star Award celebrates the rage of children affected by cancer, is being backed by Olympic long er and Strictly star Greg Ruther- professional dancers Karen and Clifton, and TV personality aiers.

awards were launched by four- d Lydia Yilmaz from Glasgow, s temporarily unable to walk was diagnosed with leukae- le on holiday in Turkey last r.

who has endured four rounds therapy and blood transfusions, is now in remission and has returned to her love of salsa dancing.

She has been recognised with a Kids & Teens Star Award for her courage in a tough fight back to health.

Her parents Selen, 33, and Ozgur, 34, spoke of their pride in their daughter. Mrs Yilmaz said: 'I call Lydia my dancing sunshine. She's loving dancing again and life has somehow come back to our family.

'When your child is diagnosed with cancer, you have no idea when or how that will happen. It was traumatic but, right from the start, we were surrounded by amazing people who made Lydia laugh, gave her strength and made her happy. We are truly grateful to that mighty army of angels, our family and friends who gave Lydia positive energy and love.'

Ray of sunshine: Lydia Yilmaz with her mum Selen, and left during her cancer treatment

Nurse dism temperat reading

Lydia'nın 2016 yılında aldığı 'Yıldız Çocuk' ödülüyle ilgili basında çıkan haberlerden.

Lydia'nın 'Hastaneye Gitmeyi Seviyorum' adlı kitabının Glasgow'daki Royal Children's Hospital'da yapılan imza günü (Glasgow, 2017).

Lydia'nın çocuk hematoloji katındaki kutlama çanını çaldığı tedavi sonu partisi (Glasgow, Ocak 2018).

Üniversite öğrencilerimle birlikte Antalya'da 2010 yılında çekilen yıl sonu mezuniyet fotoğrafımız (Soldan sağa: Ezgi, İpek, Ben, Alev, Feda).

Joimove'un İskoçya'daki Neşe hareketi temsilcileriyle Glasgow'da yaptığı çalışmanın ardından.

Joimove'un Tayvan ekibiyle yaptığım Eğitmen Eğitimi (Taipei, 2017).

Merchant Coty Festivali'ndeki Joimove gösterimizden hemen sonra her yaştan katılımcıyla sahnede yaptığımız doğaçlama [Glasgow, Temmuz 2015].

Joimove Eğitmen Eğitimi ve Avrupa Zirvesi [İstanbul, 2017].

Uluslararası Ailelerle Dans Günü Kutlamaları [Glasgow, 2018].

Lydia
(İstanbul, 2019).

Galatasaray Üniversitesi'nde düzenlenen Joy.ology Talks 2019'a yaptığım konuşma (İstanbul, 2019).

Lydia ile (Glasgow, 2019).

LÜTFEN BANA SARILABİLİR MİSİNİZ?

İnsanın duygularını paylaşabileceği, kafa dengi bir arkadaşı olmalı bu hayatta. İster üç yaşında olalım, ister yetmiş üç; her yaşta ihtiyacımız var böylesi bir arkadaşlığa.

Tedavinin en zorlu aşamasını tamamlamak üzereydik. Lydia beş aydan sonra ilk defa tüm gününü kendi gibi yaşı yaşına, neşesi neşesine uygun bir arkadaşıyla geçirmişti. Sabah bacaktan kemoterapi iğnesi olacağı sıradan bir hastane günümüzdü ama Lydia için arkadaşının gelişi heyecanla beklenen bir ziyarete dönüşmüştü. Olmayan iştahı yerine gelmiş, yorgunluğu gitmiş, hatta içirmek için saatlerce dil döktüğümüz ilaçları iki dakikada içmişti.

O gece uyurken onu izledim. Denizyıldızı gibi yatmıştı, kollar bacaklar açık, nasıl yorulduysa bütün gün artık, bırakmıştı kendini yatağa. Gözüm ayaklarına kaydı. Parmakları, ayak kemikleri aşağı doğru geriliydi, sanki balerin ayağı gibi iyice uzamıştı ama bir o kadar da serbest ve rahat duruyordu. Yıllarca dans etmekten dolayı, dinlenirken bile öyle durur benim de ayaklarım. Ama Lydia'nın daha dört yaşında öyleydi. Ne tatlıydı, her şeyi ne kıymetliydi. Hele o gülümsemesi yok mu? Yine düşünceler, hayaller, umutlar, geçmiş-gelecek arasında kaybolup gittiğim anlardan biriydi...

Biraz da işe mi baksaydım? E-postalar, internet sitesi, güncellenmesi gereken eğitim materyalleri beni bekliyordu. Ya da blogum için makale yazsam iyi olurdu. Ne zamandır Türkçe makale yazmamıştım Joimove için. İngilizce kaynak çok ama biraz da Türkçe olsa iyi olacaktı. Yok, en iyisi biraz araştırma yapayım, kitaplarım için kaynak toplayayım diye düşündüm. Okul öncesi eğitimden dans terapisine, alternatif doğal çözümlerden iyileştiren tatillere derken internette yoga tatili paylaşımlarını incelemeye başladım. Ve sonunda yoga yapmaya karar verdim. Ama her tarafta oyuncaklar vardı, yogaya başlamadan önce hepsini toplasam iyi olacaktı. Aslında önce çamaşırları katlasaydım çünkü sonraya bırakınca zor geliyordu. Hazır Lydia uyuyorken rahat rahat duş alsam da fena olmazdı. Bugün su içmiş miydim acaba?

Ben henüz ne yapacağıma karar veremeden daha da yorgun düşmüştüm. Aslında en güzeli içeri gidip eşime sarılmaktı. Sevildiğimizi, güvende olduğumuzu, her şeyin yolunda olduğunu birbirimize hissettirmekti.

İşte o an fark ettim ki, aslında en çok ihtiyacım olan ve çok uzun süredir yokluğunu hissettiğim şey şefkatti. Ne yoga, ne çamaşırlar, ne de makaleler; o an tek istediğim ve bana da en iyi gelecek olan şey, sevgiyle kucaklanmaktı.

ANNE OKULU

Lydia bu dönemde anaokulu eğitimine benimle birlikte evde başlamıştı. *Anne okulu*nda inanılmaz eğleniyorduk! İnternetten ve dünyanın dört bir yanından kitaplar sipariş ettiğim, eğitim müfredatları indirdiğim, çok okuduğum ve çok öğrendiğim bir süreçti bu benim için de. Örneğin *elma* hakkındaki her şeyi, elma ağacının nasıl büyüdüğünü öğrenerek, elma çekirdeğinden fide yetiştirerek, ağaçtan elma toplama dansıyla drama çalışması yaparak, elmayı ikiye bölüp boyaya batırıp baskı çalışması yaparak, elma çekirdeğinin ağaç olma öyküsünün şarkısını yazarak, elmalardan meyve suyu yaparak ve nihayet elmaları yiyerek öğreniyorduk. İkimiz için de bu okulsuzluk deneyimi içimizdeki yaratıcılığı, merakı, neşeyi uyanık tuttuğumuz muhteşem bir yerdi.

Bir yandan da kendi kitaplarımı yazıyordum. Lidya bir gün bana, "Ben de bir kitap yazmak istiyorum" deyince bir anne okulu aktivitesi olarak A4 sayfalarını kitapçık gibi katlayıp ona bir mini kitap yaptım. O da bana, "Ben söyleyeyim sen yaz, ben resimlerini çizeceğim sonra" dedi. "Tamam, peki ne olacak kitabın adı?" deyince "Hastaneye gitmeyi seviyorum!" dedi. "Ne güzel isim öyle, nereden aklına geldi?" diye sordum. Ne yanıt verdi dersiniz? "Ben böyle yazarsam, çocuklar hastaneye gitmekten korkmazlar."

LYDİA: HASTANEYE GİTMEYİ SEVİYORUM

Lydia dediğini yaptı ve hastanenin neden aslında eğlenceli bir yer olduğunu ve hatta nasıl daha da eğlenceli bir yer olabileceğini anlatan bir kitap yazdı.

Sonuçta ortaya muhteşem doğal çizimleri ve diliyle komik, kolay okunan, neşeli bir kitap çıktı. Mesela kitabın bir sayfasında, "Kan alınması gerektiği zaman derin nefes alıyorum ve sanki baloncuk yapacakmış gibi üflüyorum ve bu beni rahatlatıyor" gibi, üzerinde deneyip işe yaradığını gördüğü bir teknikten bahsediyor. Kitabının sonundaysa hepimizin hayatına ışık tutabilecek türden bir mottosu var: "Bugününü kutla, sanki doğum gününmüş gibi çünkü her gün kutlanacak bir şey vardır!"

Lidya'nın hislerini paylaşması için biz ona bir alan açtık. O da üzüntü, öfke, şaşkınlık, acı, merak, umut ve neşe dolu serüveninden edindiği deneyimleri ve çıkarımlarını kitabına aktardı. Sonra İstanbul'daki tasarımcı arkadaşımız Lidya'nın çizimlerine eşlik edecek bir Lydia illüstrasyonu çizdi. Tüm bu bileşenleri muhteşem bir ekip çalışmasıyla bir kitaba dönüştürdük. Bu ekip için, *benim kız kardeşlerim*, desem herhâlde en doğru tanımı yapmış olurum. Evlilik, hastalık, iş, eğlence ayırt etmeksizin, hayatımızın farklı dönemlerinde birlikte nefes, akıl ve yol aldığımız bir kardeşlik.

Güçlerimizi, sevgimizi, hayata olan inancımızı Lydia'nın ışığı altında birleştirdiğimiz bu kitaptan 500 adet bastırdık. Lydia'nın en büyük dileği, hastanedeki arkadaşlarından başlayarak tüm çocuklara kitabıyla ulaşmaktı.

Aldığımız kararla kitabın tüm kopyalarını hastanenin vakfına bağışladık. Zamanla diğer dillere de çevirilerini sağlayıp aileler ve onların hastaneye gitmekten korkan çocuklarına ulaştıracağız. Lidya böyle istiyor ve diyor ki: "Kitabımı dünyadaki tüm çocuklar okusun ve neşeyle olsun her şey!"

NEŞEYİ SEÇ!

Dans etmek için hiçbir fırsatı kaçırma! Benim hayat mottom bu! Ben sadece fırsatları yakalamam, aynı zamanda onları yaratırım. Çünkü dans kalbin neşeyle atması, organlarımın nefes alması, ruhumun çocuk neşesiyle etrafta uçuşmasıdır.

Beni böyle mutlu kılan ya da işimdeki büyümenin, elde ettiğim başarının, sahip olduğum sevginin ardında yatanın ne olduğunu sorarsanız yanıtım şu olur: Ben neşeyi seçiyorum. Karşılaştığım her yeni durumda, elde etmenin zorluk derecesine, mümkün olup olmadığına bakmaksızın, ben peşinen neşeyi seçiyorum. Seçimimi, dışarıdaki sesleri değil, içimdeki sesi dinleyerek yapıyorum.

Kalbim benim için doğru olanı her zaman bilir. Benim içim neşeliyse dünyayı daha güzel bir yer hâline getirebilmek için sonsuz bir enerjiyle çalışırım. Ben buna iş diyemiyorum. İnsanın tutku ve coşkuyla yaptığı, gece başını yastığa koyduğunda ertesi gün başlayacak yeni gün için heyecan duyduğu şey, iş değildir. Hayatın ta kendisidir!

Yaptığım iş aslında çoğu zaman anlaşmalar, görüşmeler, toplantılar, seyahatler, resmi evrak, bültenler, notlar, sunumlar, seminerler şeklinde geçiyor, biliyor musunuz? Resmi prosedürler birçok insanın olduğu gibi benim hayatımı da kaplıyor, hatta öyle ki, işimin yüzde 80'i bunlardan oluşuyor bile diyebilirim. Geriye kalan yüzde 20'lik dilimi ise her gün dansla, hareketle, coşkuyla dolduruyorum.

Bu hareketli olma hâlini, sürekli sağa sola koşturup bitmez bir telaş içinde kendimizi meşgul tutmayla karıştırmayalım. Benim bahsettiğim, içimizdeki hareketi, merakı, heyecanı sürdürülebilir kılmak; hayatlarımızı, faydalı olmaktan, bütünleşmekten, neşeden ilham alarak yaşamak.

Yeni anne olduğumda, İskoçya'ya taşındığımızda, işimi geliştirmeye çalıştığım sırada, yolumuz lösemiyle kesiştiğinde ve karşıma çıkan her beklenmedik durumda beni ayakta tutan, yaşam enerjimi artıran şey sürekli biçimde, durmaksızın, aksatmaksızın üretmeyi sürdürmek oldu.

Hayatta üretmekten daha güzel bir terapi düşünemiyorum. Hem kendine hem de başkasına fayda sağlama hâli olarak görüyorum üretmeyi. Üretken hareketlilik hâli, beynimi her zaman uyanık ve aktif tutuyor. Faydaya ve neşeye odaklanıyorum daima, çaresizliğe ve acıya değil.

Hayata bu perspektiften bakmam, ailece içinden geçtiğimiz zorlu süreçte beni ayakta tutan ve besleyen ana etkendi. Hedefim, içimdeki neşeyi aktif hâlde tutmak ve bu neşeyi en başta, en çok ihtiyacı olduğunu gördüğüm Lydia ile paylaşmaktı. Kahkahalarımızın, müziğin, dansın içimizden çıkıp odayı doldurduğu, hastanenin koridorlarından bahçesine yayıldığı bir dalga hâlinde umut saçmaktı arzum.

Bir yandan da, yan odamızda, koridorun sonunda veda edilen hayatlar oluyordu. Minicik bedenlerin, daha iki hafta önce oyun odasında oynanan oyunların sonu geliyordu. İşin belki de en zorlu kısmı, vedalara tanıklık ederken, içimizdeki korkuyu ve acıyı her defasında yine, yeniden neşeye dönüştürebilmekti. Öyle zamanlarda, neşemi yakın çevremle çoğunlukla sessizce paylaşmayı seçtim; yaslara, acılara, yitirilen ümitlere duyduğum saygıdan. Bir gün, bir şekilde, başka hayatlarda yeniden yeşermesine olan inancımı koruyarak.

Doktorları Lydia'nın tedavisinin iki buçuk, üç yıl süreceğini öngörmüştü. Bu süre boyunca her gün kemoterapi almak sürekli hastanede olmak demekti. Buna rağmen her nefesimiz, her sözümüz, her düşüncemiz umut yüklüydü. Pamuk ipliğine bağlı bir umuttu belki ama mutluyduk çünkü umudumuz her geçen gün artıyordu.

HER GEÇEN GÜN BÜYÜYEN KOCAMAN BİR AİLE

Lydia'nın sağlığıyla uğraştığımız sırada onun desteği ve sorularıyla kendimi sürekli Joimove anlatırken, yazarken, dans ederken buluyordum. Bana her sabah, "Haydi, Joimove yapalım!" diyordu. Joimove eğitmenleri ve öğrencileriyle yaptığım konuşmalara katılmak istiyordu. Diğer ülkelerde neler oluyor, öğrenmek istiyordu. Ekibe katılanların çocuklarıyla tanışmak, konuşmak istiyordu. Hava nasıldı, ne giyiyorlardı, ne yiyorlardı, ne seviyorlardı, oyuncakları nelerdi?

İşimden uzaklaşsam mı acaba, diye düşündüğüm anlarda Lydia beni işime daha da bağlıyordu. Hiç reklam yapmamama, hatta hastane dışında neredeyse hiçbir yerde gözükmememe rağmen Joimove ekibine katılmak için gelen başvuruların sayısı her geçen gün artıyordu. Neşe elçileri üç yıl içinde dünyanın dört kıtasına yayılmıştı. Her gün konuşmak istediğimiz, ailelerimizin arkadaş olduğu, tüm ülkelerden katılımcıların birbirini tanıdığı, internet üzerinden de olsa sürekli görüştüğü, dostluk ve dayanışmayla örülü bir topluluk oluşmaya başlamıştı.

Lydia, tedavisinde ikinci yılını doldururken ben eğitmen eğitimi programlarını yönetmek üzere Tayvan ve Türkiye'ye uçuyordum. Joimove Litvanya temsilcimiz Glasgow'da bizi ziyarete geliyor, Meksika temsilcimizle de yollarımız Londra'da kesişiyordu. İnternet aracılığıyla tanışan fakat bu alanın ötesinde de buluşma ve dayanışmaya ihtiyaç duyup bir araya gelmek için sürekli fırsatlar yaratan, kocaman bir aile olmuştuk.

TEDAVİNİN BİTİŞİ

Hayatımızda her şey 2018 yılı Ocak ayına programlanmıştı. Hem hayatın akışında kalmayı seçiyor, neşeyle her bir dakikamızı kutlamaya devam ediyorduk hem de içten içe bir plan yapacağımız zaman, hele bir şu tedavi bitsin de diyorduk.

Tedavi sonrasında depresyona giren ailelere destek vermek için kurulmuş vakıflar var burada, biliyor musunuz? Daha her şeyin en başındayken tam anlayamamıştım, acaba ne gerek vardı, her şey bitip gittikten sonra kendini kötü hissetmek de niyeydi?

İlaç yok, hastane yok, sağlık yerinde, oh ne güzel olacaktı her şey!

Tam olarak neden desteğe ihtiyaç duyulduğunu, işte o 2018 yılı Ocak ayına yaklaşırken, içimizdeki endişenin dozu artmaya başladığında anladım. Evet, ilaç kullanımını bitiriyorduk ama içten içe, ilaca devam etsek daha mı iyi olurdu acaba, diye soran, çocuğunun sürekli kontrol altında tutulmasını isteyen, her davranışına ve tercihine onay bekleyen bir hâlde buluyordu aileler kendilerini. Kanser temelli gitmişti ve geri gelmeyecekti. Doğruydu, değil mi?

Daha ne kadar süre her yeri dezenfektanla silmeye devam edecektik? Ateşi çıkarsa ne yapmalıydık? Öksüren, hapşıran bir çocukla oynarsa Lydia'ya bir şey olur muydu? Uçağa binip Türkiye'ye ailemizi ziyaret etmeye ne zaman gidebilirdik? Gidebilirsek her şey yolunda olacak mıydı? Tedavi sona erdiğine göre artık okula göndermeli miydik? İlaçlardan sonra tüm bebeklik, çocukluk aşıları sıfırlanmıştı. Aşısız bir şekilde okula gitmesi, seyahat etmesi güvenli miydi? Böyle daha birçok soru üşüşüyordu aklımıza.

Aynı anda hem hiçkimsenin söylediğinin bize kendimizi tam olarak güvende hissettirmemesi hem de inanılmaz bir şükran duygusu ve her şeyin yolunda gittiğine yürekten inanmayı isteme hâlini bir arada yaşıyorduk.

Zihnimde bunlar dönüp dururken Lydia ile el ele dans etmeye, şakalar yapıp kahkahalarla gülmeye devam ettik. Bir sonraki hafta yaptığımız hastane ziyaretinde psikologdan, hem anne-baba olarak bizim için hem de Lydia için iki randevu aldım. Tedavinin sonuna doğru yaklaşırken, Lydia okulsuzluk (anne okulu) yönteminden tam zamanlı okula yani bir başka deyişle 10-15 arkadaştan yüzlerce çocukla birlikte oynamaya geçeceği sırada kesinlikle desteğe ihtiyacımız vardı. Çok doğru bir zamanda, çok doğru verilmiş bir karar olduğunu sonradan daha iyi anlayacaktık. Aldığımız seanslar, Lydia'nın vücuduna yerleştirilen *port*'un çıkarılma sürecinden ilaçsız döneme geçişe, uyku saatlerini düzenlemekten okula başlamaya kadar her konuda yolumuza ışık oldu.

Ve işte o gün gelmişti. Lydia çanı çalacaktı! Hastanenin onkoloji bölümündeki duvarda asılı, iki buçuk yıldır her hafta önünden geçtiğimiz altın rengi çanı. Tedavisini tamamlayan çocukların bangır bangır çaldığı, yalnızca hastanenin koridorlarını değil insanın âdeta kalbini inleten bir kutlama sesi çıkaran o çanı!

Partiye hazırlanır gibi hazırlandı haftalar öncesinden. Bir yandan da muhteşem sorular soruyordu. Eğer çanı çok yüksek sesle çalarsa içerideki odalarda uyumak isteyen çocukları rahatsız eder miydi? Üç kere çalınacak yazıyordu duvarda, yanlışlıkla dört kere çalarsa bir şey olur muydu? Sonradan hemşireleri özlerse onları ziyaret edebilir miydi? Yoksa dışarıdan diğer çocuklara mikrop getirir diye oraya girmesine izin vermezler miydi?

Derken o an geldi. Lydia, babasının kucağında çanın halatına tüm gücüyle asılarak var gücüyle çaldı. Üç kez, evet! Sonra bir de benimle birlikte çalmak istedi. Ben üç-beş dinlemedim. Kalbimin çarptığı kadar hızla vurdum, vurdum, vurdum çanın zilini!

Şanslıydık! İlaçlarla, tedavilerle, dualarla, neşeyle aşkla, dansla, müzikle, sevgiyle ve zamanla Lydia hastalığını yenmiş, o sırada bize ve bizimle birlikte bu süreci takip eden tüm sevenlerimize neşeyi seçmeyi tam da kalbinden öğretmişti!

İLKOKUL

Tedavisi sona eren Lydia'nın ilkokulla tanışma zamanı gelmişti. Ama okulsuzluk metoduyla kızını yanına alıp tüm dünyayı gezmek isteyen zihnimi bu geleneksel eğitim-öğretim sistemine ikna etmem aylar sürmüştü. Tedavisi biter bitmez, bağışıklığının en düşük olduğu sırada, eğitim döneminin tam ortasında okula başlamasın diye, gidilebilecek her mevkiye gidip konuşulacak tüm mecralarla konuşmuştum.

Başta eşim olmak üzere, bakanlıktaki yöneticiler, hastanedeki doktorlar, ailemiz ve arkadaşlarımızın neredeyse tamamı Lydia'nın okula bir şekilde alışacağı ve sonrasında da çok seveceğine beni ikna ettiler. Hastalık, mikrop, virüs kısmı da kişisel hijyeni sağlamaktan geçiyordu. Daha fazla yapılabilecek bir şey yoktu.

Lydia ise anne okulundan memnundu, okulsuzluk[2] metodunu benimsemiş arkadaşlarım olduğu için okula gitmenin bir zorunluluk olmadığının farkındaydı. O yüzden, önce kendim ikna olduktan sonra, Lydia'ya okula gitmenin eğlenceli yanlarından bahsederek ilgi yeşertmeye başladık. Bizim kararlı, endişesiz ve neşeli tutumumuz ona çok iyi geldi. Ama en etkili olanı neydi biliyor musunuz? Bebeklikten beri görüştüğü ve düşüncelerine çok değer verdiği arkadaşından şu cümleleri duyması: "Sen benim gibi okula gitmediğin için benim kadar çok arkadaşın yok. Benim doğum günü partim çok kalabalık olacak ama seninkinde benim dışımda sadece birkaç kişi olacak ve bu çok sıkıcı!"

Aynı arkadaşının, "Sen benim kadar hızlı bisiklete binemezsin çünkü senin bisikletin üç tekerlekli!" demesinin ertesi günü, iki tekerlekli bisiklete binmeyi öğrenen beş yaşında bir Lydia'dan bahsediyoruz. Tahmin ettiğiniz gibi, bu doğum günü muhabbetinin ardından bizim kız ertesi gün okula başlamaya hazırdı!

Bölgemizde müzik ve dansla harmanlanmış, gerçekten duyarlı bir sistemle eğitim veren bir okul olduğu için şanslıydık. Lydia daha ilk günden orada olmaktan dolayı çok mutlu oldu. Birbirimizi çok ama çok özledik. Ben onsuz geçen toplantılarım, danslarımda ne diyeceğimi, elimi kolumu nereye koyacağımı bilemiyordum. Onun sevdiği bir şarkı çaldığında ya da çocuklu katılımcılarla yaptığım derslerde gözlerim doluyordu. Hayatımın son iki bin günü boyunca her gün neredeyse yirmi dört saat yan yanaydık biz. Benim bu yeni duruma alışmam

2. Editörün notu: Birleşik Krallık'ta ulusal eğitim müfredatını takip etmek zorunlu tutulmaksızın evden öğretimin serbestliği yasası 1996 yılından bu yana yürürlüktedir.

Lydia'nın alışmasından çok daha zor oldu!

Bir süre sonra her şey düzene girdi. Günde altı saati bulan boş zaman diliminde canım ne isterse onu yapıyordum. İşte o tarihten üç yıl önce yazmaya başladığım elinizdeki kitap da artık daha çok zaman bulabildiğim o dönemde kendini bana hatırlatıyordu. Bir kısmı bilgisayarda yazılmış, bir kısmı e-posta taslağı olarak kaydedilmiş, yer yer sosyal medya paylaşımı, yer yer not defterine karalanmış yüzlerce metni bir araya getirip düzenlemem için doğru zaman gelip çatmıştı.

Anne olduğumdan beri ilk defa yeni bir pencereden bakıyordum özgürleşmeye. Kim olduğumu, bu zaman içinde kime dönüştüğümü, ne istediğimi bambaşka bir olgunlukla gözlemleyeceğim yeni bir dönem başlıyordu hayatımda.

EĞLENMEK İÇİN NE YAPARSIN?

36 yaşımda, kendimle yeniden tanışmamı sağlayan soruydu bu! Ben eğlenmek için ne yapardım? İşimden, uzmanlığımdan bağımsız olarak, birine ya da kendime bir şey öğretmek gayesi taşımadan sadece eğlenmek için yaptığım şey neydi? Dans etmek deyip durdum kitabın başından beri. Evet, doğru! Eğlenmek için yaptığım şeylerden biridir kesinlikle dans etmek. Ama plansızca dans etmekten bahsediyoruz, değil mi? 'An'ı yaşamak için dans etmek. Keyfini çıkararak dans etmek. Evet, dans ederken bu şekilde hissediyordum. Peki, ben eğlenmek için dans etmek dışında başka ne yapardım? İşte bu sorunun cevabını yolculukta buldum.

Çok değil, iki ay önceydi ve ben yine İstanbul'a doğru kanatlanmıştım. Orada geçirdiğim 72 saat nasıl da yenilemişti ruhumu!

Etrafımdaki tüm dostlarımın bana çok iyi geldiğini hatırlıyorum. Fotoğraflardan fışkıran, elle tutulabilecek kadar yoğun bir canlılık vardı gözlerimde. Eğlenmenin benim için geçerli olan tanımını bulmuştum. Benim için hayatı eğlenceli kılan, kimseye hiçbir şeyin hesabını vermek zorunda olmadan, özgürce kalbimin sesini dinleyebilecek cesareti göstermekti. Hareket hâlinde olmaktı. Gözlemlemek, deneyimlemek, öğrenmek, gelişmek, dönüşmekti!

Nasıl oluyordu da, hayat tam da siz kalbinizi açtığınızda hediyeleriyle çıkıyordu karşınıza? Benim kalbimi açan en büyük anahtar, harekete duyduğum aşktı. Sadece uzuvlarımın hareketinden bahsetmiyorum. Kalbimin attığı, aklımın ürettiği, zihnimin hayal ettiği her bir saniyeden bahsediyorum. Yaşam bu demek benim için. Dolu dolu yaşamak demek. Bu hareketi hayatıma katmanın en keyifli yolu da, başka enerjiler, hikâyeler, bedenlerle dans edebilmek. Yani hayatı da, aynı dansı paylaştığım gibi, doyasıya yaşamak. İşte bu, benim en büyük özgürlüğümdü.

Çocukluğumdan beri yüreğimde pırpır taşıdığım; ne baba, ne okul, ne evlilik ne de hastalıklarla küçültülememiş, aksine gitgide büyümüş, içime sığmaz olunca benliğimden dışarı taşmış, başka hayatlara dokundukça çoğalmıştı. Lydia'dan aldığım cesaretle başlattığım hareketin adını JOIMOVE koymuştum! Joimove özgürce hayatı kutlayabilmenin adıydı. Sınırlandırmadan, sorgulamadan, bu anı, şimdiyi, sevgiyle, şefkatle, neşeyle, coşkuyla kucaklamak. Daha yaşanabilir bir dünya için neşeyi seçmekti!

Bu kitabı yazmaya başladığım gün Lydia ile hastane odasındaydık. Uyanıp bana ne yaptığımı sorduğunda, "Senin yazdığın gibi ben de insanlara umut ve neşe verecek bir kitap yazıyorum" deyip şöyle sormuştum ona: "Sen bugün ne umut ediyorsun?" "Tatile gitmeyi ve denizde cup cup yapmayı" diye yanıtlamıştı. Tedavisi devam ettiği sırada bu soruyu ona her sorduğumda, her doğum gününde, her yeni yılın başında dileği hep aynıydı.

Ve bugün, Lydia'nın benimle paylaştığı dileğinin üzerinden tam dört yıl geçti. Doğduğu topraklarda, denizin içinde şu an, tam da hayal ettiği gibi cup cup yapıyor. Sağlığımızın kıymetini bilerek, merak etmeye, öğrenmeye, sevmeye ve hayatı kutlamaya devam ediyoruz. Gittiğimiz her yere neşemizin sihrini götürüyoruz. Dilerim bizim hikâyemiz size umut olsun, neşe reçetelerimiz yolunuza ışık olsun!

İKİNCİ BÖLÜM
NEŞEYİ SEÇMEK

HAFTALIK DEĞERLENDİRME

Her hafta, geçirdiğim bir önceki haftayı gözlemlediğim ve kendimi gelecek haftaya hazırladığım bir değerlendirme yaparım. Çeşitli sorulara verdiğim cevaplarla nelerin yolunda gittiğini ve nelere daha çok vakit ayırmam gerektiğini kolayca fark ederim.

Bu değerlendirme, hem zamanımı hem sorumluluklarımı yürütebilmemi hem de ailemle birlikte geçirmeyi planladığım anlara odaklanabilmemi sağlar.

Haftalık planımdaki sorulardan bir tanesine verdiğim cevap beni her seferinde şaşırtır. Bu soru korkuyla ilgilidir: "Geçtiğimiz hafta nerede korkunun beni yapmak istediğim ya da söylemek istediğim bir şeyden alıkoymasına izin verdim?"

Her seferinde verdiğim cevap değişse de cevaplarımın ortak noktası genellikle aynı kalır: Çok fazla hazırlanmak. Mükemmeliyetçilik.

Kendime her zaman şunu hatırlatırım: "Her şey yolunda! İnandığın ve sevdiğin şeyi yapmaya devam et!"

KENDİNİ YENİDEN KEŞFETMEK

Kendi alanımız dediğimiz bir alana girilmesi bizi neden rahatsız ediyor? Madem rahatsız ediyor, o zaman bizim yerimize konuşulmasına, kararlar alınmasına nasıl izin veriyoruz? Bize neşe getirmeyen hiçbir şeyi kalbimiz kabul etmezken, nasıl oluyor da zihnimize kabul ettirebiliyoruz?

Bu hayatta en büyük çelişki, zihin ve kalp arasında olandır. Bu ikisini dengede tutmak ancak neşeyi takip etmekle mümkündür. Güzelliklerin ayak izidir neşe. Bunu hâlâ her sabah kendime hatırlatıyorum. Ne kadar kendimle çalışsam da, dans ve neşe hayatımın çok büyük bir yerini kaplasa da, zaman zaman kendimi öyle bir sorgulamanın içinde buluyordum ki!

Her şeyin yolunda gözüktüğü bazı zamanlar, uyuduktan sonra nedenini bilmediğimiz huzursuz bir hisle uyanırız. Vücudumuzun harekete en çok ihtiyaç duyduğu andır o. Bulunduğumuz odayı değiştirmemiz ya da hiç değilse odanın içindeki enerjiyi değiştirmemiz gerektiğine dair bir uyarıdır. Yapabiliyorsak eğer biraz hareketlenerek tüm huzursuzluğumuzu neşeye dönüştüreceğimiz andır.

Hiç vakit kaybetmeden hemen harekete geçmemiz gerekir. Zihnimizin içindeki sorulara esir düşmeden. Derhâl!

İNANDIĞIN KİŞİ OLMAK

Altı yaşındaki kızım bir gün okuldan geldiğinde, öğlen arasında bahçedeki bir çocuğun ona aptal kız dediğini söyleyip şunu sordu: "Anne, sence o çocuk bana neden aptal kız dedi? Ben aptalca bir şey yapmadım ki!"

Cevabım şöyle oldu: "O sırada çocuk korkmuş veya kızmış olabilir çünkü insanlar korktukları ve kızdıkları zaman kötü sözler söyleyebiliyor, aslında kötü ve kırıcı olmak istemedikleri hâlde." Ardından kızımın açıklamaları sonucunda öğrendim ki iki çocuk tırmanma duvarına aynı anda atlamışlar ve daha büyük sınıfa giden çocuk kızıma çarpmamak için kenara çekilmek zorunda kalmış.

Burada kendinden küçük bir çocuğu düşürüp onun yaralanmasına sebep olabilecek olmanın *korkusu* ya da kendinde olduğunu düşündüğü sıranın başkasınca alınmasına duyduğu öfkenin yansıması olabilir. Gerçekten de oraya atlayarak kızımın aptalca bir hareket yaptığını düşünmüş de olabilir. Sonuç olarak ne olup bittiğini tam olarak anlayabilmek, kimin ne hissettiğini, neyi neden o şekilde yaptığını çözümleyebilmek mümkün değil ama altı yaşındaki bir çocuğun insan davranışını anlaması ve olan biteni kişisel olarak algılamadan, yargılamadan gözlemleyebilmesi için önemli bir öğrenme süreciydi bu yaşanan.

Eğer karşı tarafın bu davranışı devam ederse kızımın duyacağı rahatsızlığı ifade edebilecek özgüvende olması çok değerliydi benim için. Bir o kadar önemli ve değerli bulduğum da, birinin ona aptal demesinin onu aptal yapmayacağının farkındalığını taşımasıydı.

Bu, karşılıklı öğrenme süreci olarak hayatta sürekli karşımıza çıkıyor. Çocukluktan itibaren hepimiz öfkeye öfkeyle karşılık vermek, umursamamak, şikâyet etmek, alınmak, üzülmek, bir şey yapamamış ya da diyememiş olmanın suçluluğunu taşımak gibi sayısız alternatif arasında gidip geliriz.

Kendi gücümüzün farkında olmak, kendi değerimizin farkında olmak, kendi haklarımızın farkında olmak... Her biri ayrı öğretilerdir ve bunlar hayat boyu pratik edildikçe sağlamlaşır.

Neşe pratiği ise tüm bu çelişkilerin, kararsızlıkların karşısında duran, hayatta karşımıza ne gelirse gelsin her şeye rağmen neşeyi seçebilme cesaretini göstermektir.

Yukarıda kızımın karşılaştığı durumda neşeyi seçmekse *inandığın kişi* olduğunu fark etmekle başlar!

ESNEKLİK, DİRENCE KARŞI!

Sabahları saat kaçta uyanırsa uyansın kendini yorgun hissettiğini söyleyen öğrencilerim oluyor. Burada yanlış ya da doğru yok. Güne başlamak için uygun olan saat, her vücudun biyolojik saatine göre, o gün içinde yaşadığı duygulara göre, uykusunun kalitesine, hormonlarına göre farklılık gösterebilir. Geçen hafta çok düzgün ve huzurlu takip ettiğiniz günlük düzen bu hafta size uymuyor olabilir.

Uyku ya da uyanıklık, iş ya da dinlenme söz konusu olduğunda, hayatta deneyimlediğimiz her döngüde esnek olabilmemiz, önce kendimize sonra da zamana karşı olan kalıplarımızı esnetmemiz gerekiyor.

İLETİŞEMEMEK

Hayatımın öyle bir dönemindeydim ki, etrafımdaki tüm evli çiftlerden birinin dokunulmamaktan, önemsenmemekten, kendilerini kadın/erkek gibi hissedememekten bahsettikleri konumlandırmaların içindeydik. Bize yıllardır medyanın, toplumun, geleneksellleşmiş hikâyelerin dayattığı duvarlar bir anda yıkılmış, bir balon gibi sönüyordu.

Kadın da erkek de tüm gün çalışıyor; ev, çocuk, iş dengeleri iyi kurulmuş çiftler birbirinin hayatına, kararlarına saygılı fakat iş göz ve ten temasına gelince taraflardan biri ya elinde bilgisayarla, telefonla ya da televizyonun önünde ya erkenden uyuyor ya da uyumasa da iletişim kurmak için enerjileri, istekleri kalmıyor. Nasıl bir dönemin içinden geçiyorduk bilmiyordum ama ardı ardına talep edilen boşanmaların sayısı artıyor ve çiftler hayatlarının aşkını aramaya yelken açıyordu.

Hayatta her şeyin iletişim olduğuna inanırım. Biriyle anlaşma ya da o kişi tarafından anlaşılma gayesi etkin iletişimin aksine beraberinde birçok beklenti doğurur: Beğenilmek, takdir edilmek, onaylanmak, sevilmek, seçilmek, arzulanmak. Elbette tüm bunlar her iki tarafın da arzu ettiği fakat farklı şekilde dile getirdiği ya da bazı durumlarda dile getirmeyi tercih etmediği taleplerdir.

Özellikle evliliklerde tarafların birbirini çok hafife aldığı bir anlaşma söz konusu. Yıllar önce farklı deneyimler ve tecrübelerle alınmış bir kararla bir araya gelmiş iki farklı insanın, zamanla edindiği yeni tecrübelerle olgunlaştığı, dönüştüğü bu süreçte verilmiş olan sözlerin ne kadar samimi ve gerçekçi kaldığını gözden geçirmek çok değerlidir.

Bir iş anlaşması bile her yıl tüm maddeleri denetlenerek, verimlilik raporu ve iş geliştirme değerlendirmesiyle birlikte ele alınırken, yüzde yüzü bize ait, katılımımızla yapılan bir evlilik anlaşmasının sürdürülebilirliğini hiç gözden geçirmememiz ilginç değil mi? Hisler zamanla bir kenara bırakılıyor ve sadece olması, yapılması gerekenlere odaklanılıyor. Peki ama görevler, sorumluluklar, planlar ne kadar duygu, his, paylaşım içeriyor?

Her yeni gün hayatta keşfedilecek sınırsız güzellik ve heyecan vardır. Bu heyecanı tek başına, iki kişi ya da bir aile olarak paylaşmak bir tercihtir. Ama kişinin kendisini böyle bir yolculuğun içinde bulması ve yoluna tek başına devam etmeye karar verdiği aşamada buna sebep olan faktörleri de gözden geçirmesi önce kendisini ve ne istediğini anlayabilmesi adına büyük önem taşıyor.

Çiftlerden birinin kendini yeniden keşfettiği bu dönem diğer taraf için de yeni bir yolculuğa davet edildiği anlamını taşır. Yani etrafımızı kuşatan olasılıklara kalbimizi açtığımızda aslında içinde bulunduğumuz, tahammül edilemez gözüken sürecin de iyileştirici, dönüştürücü etkisini keşfetmiş oluyoruz.

Peki, erkekleri kadınları için ya da kadınları erkekleri için savaşmaktan bu denli alıkoyan, tarafları bu temassızlığa tahammül göstermek yerine çıkıp gitme cesaretini veren güç nereden geliyor? Aslında ilişki dengesi en başından beri böyle miydi ya da bu dengeler ne zaman bu denli değişmeye başladı?

Burada ben de bir kadın olduğum için ağırlıklı olarak ilgi görmemekten yakınan kadınların hikâyelerine tanıklık etmiş olsam da, aynı konumda olan birçok erkeğin olduğunu da göz önünde bulundurarak tarafsız bir şekilde ilerleyelim ve soralım: İlişkiler bu temassız konuma geldiğinde ne yapmalı?

Üçüncü ve tarafsız bir uzmandan destek almak tam da ihtiyacınız olan sihirli dokunuş olabilir. Empati, dinleme, anlama, çaba, umut, istek, kararlılık ve adanmışlık. Her bir adım her bir yeni duyguyu güçlendirecek ve çiftler şimdi ve gelecek için ne istediklerini, şu an bulundukları konuma kendilerini nasıl çektiklerini, bu şekilde devam etmenin onlara kısa ve uzun vadede neler getireceğini görebilecekler. İşte burada özgür irade devreye girmeli. Yani kişi objektif bir analiz yapmasının ardından tercih yapabileceğini ve bu seçiminin yüzde yüz farkında ve sorumluluğunda olduğunu bilmeli.

Bu uzman destekli aksiyonlar sırasında ve öncesinde aslında yakalanmaya çalışılan uyum yine iletişimden geçiyor; yani sözsel ya da dokunsal iletişimden. Taraflardan birinin görmezden geldiği iletişimsizlik, diğer taraf için büyüyüp yıkıcı bir kasırgaya dönüşmektedir.

İşte bu enerjiyi dengelemenin ilk aşaması kalbi açmakla başlar. Kişi kalbini *kendine* açar ve içindeki sese kulak vererek sırasıyla sorar: Ne istiyorum? Ne hissediyorum? Ne zaman böyle hissediyorum? Aslında ne demek istiyorum? Aslında ne yapmak istiyorum?

Kişi kendini keşfetme sürecine girer ama bu süreçten nasıl bir kararla çıkacağını öngöremez çünkü her bir yeni aksiyon yeni bir duygu yaratır. Kendine doğru olan yolculuğun sonunda çıkılan her yol şefkatle kucaklanmalıdır. Önce kişinin kendisi tarafından. Korkmadan!

İşte bu yüzden, dans etmekle de birebir uyum hâlinde olan bir dönemdir bu. Kişinin önce kendi tenini, bedenini, hislerini, isteklerini, hayallerini keşfettiği bir solo danstır. Tek başına da var olduğu, bir olduğu, bütün olduğu farkındalığıyla nefes almaktır. Cesaretin ve güvenin kendi içinden gelen güçle birleştiğini fark etmesidir.

Bu dönüşüm herkesin hayatında farklı zamanlarda meydana gelen ve bir dirençle karşılaştığımızda yeniden tekrar etmesi gereken bir süreçtir. İçimizdeki neşenin azaldığını, saklandığını ya da kaçtığını hissettiğimiz o an, başkalarıyla iletişim kurmaya çalışmadan önce, kendimizle iletişime geçme zamanıdır.

Şefkat ve anlayış bekleyen, kendini savunmak zorunda kalan, sevilmek için yalvaran, ilgi dilenen, hislerini kontrol altında tutmak için baskı uygulanan, özür dilemek zorunda bırakılan, hakkı yenen, haksızlık edilen, kurban durumuna itilen, istekleri ertelenen, hayalleri küçümsenen, başarıları hor görülen, azla yetindirilen, tehdit edilen, gözü korkutulan, değersiz hissettirilen, savunmasız küçük bir çocuk gibi davranmamıza sebep olmuş veya olacak her ne kadar duygu, inanç, geçmişten getirdiğimiz doğrular varsa hepsini kabul etme, her bir tecrübesinden bolca öğrenme ve artık önümüze bakma zamanıdır.

Sen istediğin kişi oldukça hayatındaki herkese kendileri olmaları için alan açmış oluyorsun ve istediğin hayat kendisini yeniden yaratmaya başlıyor. Sihir gibi ama gerçek!

ŞEFKATLİ KALP, HUZURSUZ ZİHNE KARŞI!

Kendimi karanlıkta hissettiğim zamanlar çok oluyor. Hiçbir çıkış yolu göremediğim, hiçbir umudumun kalmadığı zamanlar bunlar. Ama bu, anlık bir his. Yani bu öyle bir şey ki, sanki bir kulağına *her şey bitti* diye fısıldanırken, diğer kulağından *başka neler olabilir* sözü duymak gibi.

Benim için anlık seçimlerin sonucudur gittiğim tüm yollar. Bugün aldığım tüm kararlar yarınımı inşa ettiğim anlık patikalardır. Acıdan çok şey öğrenirim; acıyla şekillenir, güçlenirim ama bir yandan da acıyı sevgiye, neşeye dönüştürmek için yeni duygular, hayaller inşa ederim. Bu tavrımın bardağın dolu ya da boş tarafını görmek olduğunu söyleyemem ya da bu bir *her şeye iyi yanından bakma oyunu* değil. Hayat bize en acı dolu tarafını da en ihtişamlı tarafını da gösterdiğinde gerçekleri görmemiz lazım. Benim için gerçek, ancak, bardağı olduğu gibi gördüğüm ve içindekini şükranla kabul ettiğim an yücelir. Yani bir şeyleri oldurmaya ya da değiştirmeye, bir şeylerin üstesinden gelmeye çalışmadığım her an. Her yeni bir *anı* yeni bir *an* olarak onurlandırmak gerekir.

Hayatımdaki herkese, hayatın bana sunduğu her şeye bu farkındalıkla yaklaşmaya özen göstersem de aynı dikkati, şefkati, neşeyi kendi bedenime, kişiliğime göstermem, kendimi olduğum hâliyle kabullenmem hepimiz için olduğu kadar benim için de zor.

Dünya başıma yıkılsa dahi sanki dünyanın en kolay şeyiymiş gibi başa çıktığım her bir deneyim, kendimi daha çok keşfetmemi ve daha çok sorgulamamı sağladı. Kendim dışındaki her şeye sevgiyle bakan ben, kendime şefkat gösterebilmek için alarmlar, hatırlatmalar kurdum; aynalara, dolaplara notlar yapıştırdım.

Neyi, nasıl doğru yaptığımı değil, neyi nasıl daha iyi yapabileceğimi, nerede çok da iyi olmadığımı bana sürekli hatırlatan, genelde memnuniyetsiz bir aklı, şefkat dolu bir kalple susturmaya çalıştım.

NEŞELİ OLMAK, HAYATLA DALGA GEÇMEK Mİ?

Neşeliyim ben. Neşenin sözlük anlamı benim için aşktır, danstır, kahkahadır, şarkıdır. Her durumda neşelenecek bir yön bulurum kendime.

Neşe harekettir, tutkudur, coşkudur. Ben neşeli olmadığım zamanlarda kendimi yorgun, hâlsiz, mutsuz, uyuşuk hissederim ve bu histe kalmayı da sevmem. Daha doğrusu, bunu tercih etmem. Sanki benim *canım neşeli ruhumu* zehirler bu uyuşukluk.

Neşeli olmak hayatı ciddiye almamak ya da onunla dalga geçmek demek değil aksine onu öyle bir ciddiye almaktır ki her bir nefesin içinde tebessüm edilecek bir yan bulabilmektir.

GÜLÜP GEÇEMEYİNCE AĞLAYIP GEÇMEK

Benim için ağlamak gülmek kadar kıymetlidir. Genellikle sessiz sessiz, için için ağlarım. Burnumun ucu sızlar, gözyaşlarım yanaklarımdan boncuk gibi aşağı süzülür, boğazım düğümlenir, dudaklarım titrer, nefesim kesilir.

En çok da birine sarılarak ağlamayı severim. Çocuklar en sevdikleri oyuncaklarına sarılıp ağlar. Kollarını kavuşturmak, kalplerinin önünde bir güç, bir destek hissetmek ister. Ağlamak benim de çocukluğumdan beri çok iyi bildiğim, çok sevdiğim bir arkadaşımdır. Beni rahatlatır, büyütür, sonra da güldürür.

Gözyaşlarım bazen üzüntüden bazen korkudan bazen de heyecandan gözümden istemsizce fışkırıverir. Ama beni en çok *gülmekten gözümden yaş geldi* derken görürsünüz çünkü her yerde kahkahalarla gülebilirim ama öyle her yerde, herkesin içinde ağlamayı tercih etmem. Yani kendime hakim olamadığım durumlarda ağlarım elbet ama birkaç dakika geçmeden bu duygunun içinden sıyrılır ve beni neşelendirecek bir sonuç aramaya başlarım. Çünkü insanlarla bir arada olmak, başkalarının gözlerine bakmak, varoluşlarını hissetmek benim bakış açılarımı temizleyen sihirli bir değnek gibidir.

Kendimle baş başa kalmayı tercih edip doyasıya ağladığım zamanlar genelde en çaresiz hissettiğim anlardır. Yalnız kalırım, düşünürüm ve bir çıkış yolu bulmaya çalışırım.

Bulamıyorsam da yemeden içmeden kesilirim, uyuyamam. Ruhuma dokunan, hüzünlü parçalardan başlayarak neşeli olanlara doğru değişen, dönüşen, her biri birbirinden farklı şarkılar dinlerim. Duygular, hisler ve düşüncelerin akışında serbest bırakırım kendimi. Ortalama 24-48 saat gibi bir sürede yeni bir plan ve yüzümde kocaman bir gülümsemeyle her şeye sil baştan başlayabilirim. Güçlü görünmek ya da duygusal yanımı belli etmemek gibi bir gayeden dolayı gözyaşlarımı ertelemek değildir amacım, aksine beni bu derin düşüncelere götüren hassasiyetimden beslenir ve her zaman *daha iyisi nasıl olur* diye sorarım.

Bazen bulduğum cevaplar tahminimden daha çok cesaret gerektirir. Ağlamaya devam edip kaçıp saklanmak kadar ağlamaya son verip görmezden gelmek, olmamış farz etmek de kolay görünür.

İşte o zaman kendime şu soruyu sorarım: "Bir-iki ay sonra şu an hıçkıra hıçkıra ağladığım ve daha iyisi için aksiyon almaya cesaret edemediğim bu konu benim için hâlen bu kadar önemli olacak mı? Eğer cevabım evetse cesaretimi toplar, gözyaşlarımı siler ve harekete geçerim. Cevabım hayırsa aynı gülüp geçmek gibi, ağlar geçerim. Yani her çaresiz hissettiğim an, sonuca odaklanıp dünyayı baştan yaratacak bir sorumluluk yüklemem omuzlarıma, kendimi beklentiler içinde hapsetmem. Ağlarım, rahatlarım ve kaldığım yerden anı yaşamaya devam ederim.

Araştırmalara göre gözyaşlarımız duygusal bir etkileşim, stres ya da tehlikeyle uyarılmamızın doğal bir sonucu. Yani hayatın akışında güldüğümüz kadar ağlıyoruz da! Aynı kahkaha etkisi gibi, ağlamanın ardından yüzde 88'imiz kendimizi rahatlamış hissediyormuşuz. Ben de işte bu büyük yüzdenin içinde yer alıyorum.

KORKU, CESARETE KARŞI!

Her negatif duygunun arkasında korkularımızı buluruz. Ya geçmişte yapmayı seçmediklerimiz için pişmanlıklarımız ya da şu an yapmaya cesaret edemediklerimiz için hırçınlığımız vardır. Her ikisi de bizim gelecekle ilgili kaygılarımızı tetikler, beklentilerimizi büyütür.

Bir insan acı içinde olduğunda çoğunlukla ilk tepkisi sinirlenmek, üzülmek, başkasını suçlamak veya öfkelenmek olur. Kimi suçlarsak suçlayalım, hissettiğimiz acı var olmaya devam eder. Sen acına referanslar topladıkça, etrafında var olan mutluluğa sırtını dönüp olmayana odaklandıkça, üzüntü ve acı daha da büyür ve bir süre sonra olayın gerçekten olduğu gibi görünmesini engeller, olacak iyi şeyleri de kendinden uzaklaştırmaya başlarsın.

Hiçbir zaman kendimi böyle bir çıkmaza sokmayı seçmedim. Öfke ve üzüntüyle dolduramıyorum zihnimi. Her olay, her duygu, her hikâye zihnimde bir başka bakış açısıyla bambaşka bir şekil alabiliyor.

Ben mutluluk gibi mutsuzluğun da bulaşıcı olduğuna inanırım; Ve benimle ilişkisi, teması olan herkese mutluluk götürmek isterim. Bazen karşı taraf almak istemez, mutsuzluğuyla biraz daha vakit geçirmek ister. Öyle zamanlarda da doğru anı hayat akışının getirmesini beklemek gerekir.

MUTLU OLMAYI SEÇMEK

Mutlu olmak bir seçimdir. Her durumda mutlu olmayı seçmek de bir seçimdir. Bazen öyle anlar vardır ki içinde mutluluk, güzellik görmek mümkün olmaz. Ama o zaman bile aslında mutlu olabilmeyi seçmek bizim elimizdedir.

Her zaman kendine sor: Ben şu an mutlu olmayı seçiyor muyum? *Evet* dediğin an, şu anın tüm sorumluluğunu almalısın. Bir saniye öncesi bile geçmiştir artık! Bu kadar net ve sade olmalısın. Daha karmaşık olması işleri kolaylaştırmıyor.

Geçmişin izini sürmek imkânsızdır çünkü geçmiş sadece hatırladıklarımız ve hatırladıklarımızın bize hissettirdiklerinden ibarettir. Daha doğrusu geçmişte yaşanan bir olay sırasında *hatırlamayı seçtiklerimizden* ibarettir. Bugün o olayı yaşasak tamamen farklı bir tepki verecek ve belki de tamamen farklı bir sonuç alacak olmamıza rağmen biz o zamanki hislerimize odaklanır, onu bugünün gerçekliği yaparız. Geçmişten ders çıkarmak istediğimizde bile referanslarımızı çok dikkatli seçmeliyiz. Düşüncelerinin gücünü unutma! Seni gülümsetecek şeyler düşün.

Ben her gece yatağa gitmeden önce kendime sorarım: Bugün kendin için ne yaptın? Bugün kendin dışında başka biri için ne yaptın? Ne yapmak istedin ama yapamadın? Neden öyle oldu?

Harekete geç! Araştır! Sor! Bilgi topla! Hayal et! Tasarla! Seni mutluluğa götürecek yolu hazırla! Tek, tek. Adım adım.

Neye ihtiyacın var? Her şeyi elinden gelenin en iyisini, kalbinin sesini dinleyerek, kendine saygı duyarak, ruhunu yücelterek yap ve sabırla ilerle. Nerede durup dinlenmen gerektiğini bil. Olması gerekiyorsa ve zamanı geldiyse olur!

HEYECANLANMAK, HAYATTAN BİR HEDİYE MİDİR?

Heyecandan nefesinin kesilmesini deneyimledin mi hiç? Mutluluktan bahsediyorum; korkudan değil. Mutluluğun, istekli olmanın verdiği adrenalinden. Yerinde duramamaktan, bekleyememekten...

Bir şeye ulaşmak için duyduğun sabırsızlığın farkında olmak ama bu sabredememe hâlinin ve heyecanın sana verdiği aşırı zevkin tadını çıkararak, istediğin şeye hemen ulaşamamaktan bile keyif alma hâli...

Böyle bir duygu durumuna geçtiğin zaman bilirsin ki hayatta hiçbir şey bu istediğinin olmasının önünde duramaz. Kapılar açılır, yollar yapılır, dilekler gerçekleşir. Kanatların çıkar, gökyüzünde süzülmeni sağlar. Gökyüzü daha mavi gözükür; daha çok oksijen dolar içine, kalp atışların hızlanır, düşüncelerin sadeleşir.

İşte bu his, istediğin her şeyi gerçekleştirebilecek gücün sende olduğuna tanıklık ettiğin, içindeki cesur ruhla yüzleştiğin andır ve sonsuz bir keyif kaplar içini.

Çok kısa bir süre içinde yetişkin akıl devreye girer ve olası riskleri, tehlikeleri, önüne çıkabilecek engelleri sana göstermeye başlar. Bu, seni yapmak istediğin şeyden alıkoymak ya da cesaretini kırmak için değildir. Bu, seni olabilecek her şeye hazırlamak ve istediğin şeye tam istediğin sonuçlarla sahip olman için, yolunu aydınlatan bir fenerdir.

Ne olursa olsun o dinamik heyecanı, içinin içine sığmadığı o duyguyu deneyimlediğin zamanın kıymetini bil. Büyük bir mucizedir o. Hayattan bir hediyedir âdeta. Seni bir sonuca götürmek zorunluluğuyla gelmez; aksine içinde bulunduğun bu coşkulu anı kutlaman için bir ışık getirir. Tüm beklentilerinden, varsayımlarından, geleceğe dair doğru bildiğin tüm öngörülerden arınarak!

TUTSAK BİR ZİHİN NE KADAR GÜÇLÜ OLABİLİR?

Bazen hayat bizim kontrolümüz dışında işler, planlarımız dışında gelişir ve hayal dahi edemeyeceğimiz durumlarla karşılaşabiliriz. Hayatımızın iplerinin tamamen başkalarının elinde olduğunu ya da bambaşka koşullara bağlı olduğunu deneyimleyebiliriz. Böyle anlarda bile bulunduğumuz anın hâkimiyetini tümüyle elimize alarak, yani her şeyi olduğu hâliyle kabul ederek güçleniriz.

En uzak durmaya çalıştığım reaksiyon, dirençtir. Bir şeye, fiziksel ya da duygusal, ne kadar direnç gösterirsek, o yönde karşı direnç oluştururuz. Herhangi bir duruma, kişiye ya da duyguya direnç göstermek bir dayanıklılık ya da güç göstergesi değil, aksine olasılıklara, fırsatlara, neşeye ve pozitif öngörüye çıkan kapıları kapatan bir karşı güçtür. Direnç göstererek hayatın akışında aslında bizim için iyi olabilecek birçok şeyi de verdiğimiz kararlarla itebilir, kendimizden uzaklaştırabiliriz. İşte ben gücümü bu yönde kullanmaktan kaçınmaya özen gösteriyorum.

Bazen kendimi bir şeyin *olmamasını* isterken bulurum. Yani zihnim pozitif bir çözüme, isteğe yönelmeden önce risk analizi ve durum değerlendirmesi yapar, olmaması gerekenleri tespit eder. İşte tam o anda farkında olmadan bu olasılıklar karşısında endişelenir ve gerçekleşme ihtimallerine karşı direnç göstermeye başlarım. Bir yandan da bilirim ki *olmamasını* istediklerim zihnimde çokça yer kaplayıp diğer başka güzelliklere gölge düşürmekte, gönül gözümü mucizelere kapatmaktadır.

İşte bu farkındalıkla tüm olasılıkları görür ve bilirim ama umudumu daima en yüksekte tutarım. Benim için güçlü olmak bu demektir. Her ne olursa olsun, kim ne derse desin, hayat karşıma ne getirirse getirsin; her şeyden bağımsız kalabilmek, zihnimde özgürleşmek, kalbimi ışığa döndürmektir hedefim.

Ömer Hayyam'ın kendime rehber edindiğim bir sözü vardır:

Geçmiş günü beyhude yere yâd etme, bir gelmemiş an için de feryat etme,

Geçmiş, gelecek masal bunlar hep, yaşamaya bak; ömrünü berbat etme!

ÖN YARGILI OLMAK MI, MERAK ETMEK Mİ?

Önyargılarla hâlâ karşılaşıyorum. Önyargı dediğimiz şey zaten ya bir konu hakkında yeterince bilgi sahibi olmamaktan ve bilgi sahibi olmaya çok da gönüllü olmamaktan ya da o konu hakkında değişmez, esnemez kabul ettiğimiz bir doğruyu kabul etmiş olmamızdan kaynaklanıyor. Bu ikisinden birinin doğal sonucudur önyargı. Bu yüzden aklımız için ölümcül bir virüs değildir. Ufacık bir umut, pozitif düşünce, nefes alıp farklı bir açıdan bakarak değişme gösterebilecek, yumuşayabilecek bir düşünce kalıbıdır. Ama bu kalıbı yeniden şekillendirmeye yarayan araçlar, *kabullenmek* ve *gönüllülük* yolundan geçer.

Bizler sevgiyle bakmaya, almaya, kabul etmeye gönüllü olduğumuzda bütün önyargılarımızdan arınırız. Önyargılardan arınmak sahip çıktığımız değerleri değiştirmek değildir. Sadece başka doğruların, başka yolların, başka bakış açılarının olduğunu kabul etmektir. Bu kabullenmeyi kendi değerlerimize kişisel bir saldırı olarak algılama tuzağına düşmemektir.

Alınganlıkların, küslüklerin ya da hata aramanın, haklı olmanın yolunu aramak değildir. Her şeyin kendi yolunda olduğunu, herkesin kendi yolunu çizdiğini ve tüm yolların aslında bizim yolumuzla kesiştiğini fark etmektir.

Bugün bir başkası için hor gördüğümüzün aslında bizim için de bir başkasınca düşünülebileceğini alçak gönüllülükle anlayabilmektir. "Ben önyargılı bir insan değilim ama her şeyi yargılayan, sadece kendi doğrularını kabul ettirmeye çalışan insanlara tahammül edemiyorum" dediğimizde aslında direnç ya da alınganlık gösteriyor oluruz.

Son üç yılda, Lydia ile hayatın içinde geçirdiğimiz zamanlarda çok fazla destek ve empati içeren yorum aldım ama aynı zamanda ön yargı ve varsayım içerenler de vardı. Bazı örneklere burada kısaca yer vererek, ön yargılı olmamaya dair bir hatırlatma yapmak istiyorum.

Bir kafede, oyun alanında, müzede ya da vapurda etrafında gördüğü masa, sandalye gibi her eşyanın üzerini temizleyen bir kişi gördüğümüzde bu kişi düşük bağışıklık sisteminden dolayı bir tedavi görüyor olabilir mesela. Ya da bu şekilde davrandığında kendini daha mutlu, daha rahat hissediyor olabilir. Sebebi ne olursa olsun bizden farklı bir şekilde hareket etmesi bize onu yargılama hakkını vermez.

Yiyeceğini silip süpüren ve daha fazlası için yalvaran bir çocuk gördüğümüzde, düzenli olarak kortizon takviyesi alan ya da sadece yiyecekleri çok seven iştahlı bir çocuk olabileceğini ya da sebebi her neyse bunun bize sorulmadığını kabul etmeliyiz. O esnada olumsuz veya zekice olduğunu sandığımız bir şey söylememize, bir yorumda bulunmamıza gerek olmamalı. Çocuğa ya da ailesine yapacağımız yorumdan bahsetmiyorum. Kendi kendimize yapacağımız varsayım bile ön yargıdan bir çıkarım olabilir.

Farklı bir görünüme sahip -örneğin saçları, kaşları dökülmüş ya da medikal maske takan- küçük veya büyük bir insan gördüğümüzde, gözümüzü dikip bakmamalıyız, bakıyorsak da olumlu bir şekilde tebessüm edebilmeliyiz. Varsaymadan, yargılamadan, her şeyi öyle çok bilmeden.

Ya da arkadaşımızın normalden daha sessiz olduğunu hissettiğimizde, bunu kişisel algılamak yerine onu aramayı deneyebiliriz.

Hepimiz tüm olasılıklara açık olmayı öğrenmeliyiz. İçimizdeki benliğimize ve hayatta karşılaştığımız tüm canlılara karşı şefkatli ve sevgi dolu olmak için elimizden gelenin en iyisini yapmaya çalışmalıyız.

GÖZLEM + DENEYİM + ÜRETİM

Her şey ters gittiği zaman ne yapmalı? Benim ilk yaptığım şey sokaklara çıkmak olur. Başka insanları görmek, onların gülümsemelerini yakalamak, herkesin farklı bir koşuşturma içinde olduğunu gözlemlemek ve yaşamın küçük mucizelerine tanıklık etmek bana çok iyi gelir. Bu kitabın neredeyse tamamını sokaklarda yazdım. Bir yerden bir yere giderken, trende, sokakta bir kaldırım üzerinde oturmuş bir sokak müzisyenini dinlerken...

Çoğu zaman duyduğum müziklere eşlik ederim. Sokakta, her yerde dans ederim. Dünyayla bir bütün olmayı deneyimlerim. Gözlemlerimin dışa yansımasına aracılık ederim.

Peki, hayat zor yüzünü gösterdiğinde sana ne yapmak iyi geliyor?

'KENDİNİ BAŞTAN BAŞLAT' BUTONU

Motivasyonum, enerjim nereden geliyor? Hiç yorulmuyor muyum? Elbette yoruluyorum. Çaresiz hissettiğim, ağladığım, kimseyle konuşmak istemediğim zamanlarım oluyor. Ben bu zamanlarımı kalp gözümün kapalı olduğu zamanlar olarak adlandırıyorum.

Bazen hayat hepimiz için o kadar yoğunlaşıyor; sorumluluklar, beklentiler, baskılar o kadar artıyor ki, hem fiziksel hem duygusal olarak hayatımızın o bölümündeki kimliğimizle olanları kaldıramayacak hâle geliyoruz. Yani aslında hayatın başka bir döneminde, öncesinde ya da sonrasında belki daha kolaylıkla karşılayacağımız bu hayat tecrübesinin içinden geçerken o anki kimliğimiz ve konumumuzla bunu örtüştüremiyoruz. Burada benim kendime uyguladığım bir reçete var: Sahip olduğum tüm kimliklerden arınmak.

Şöyle bir düşün kendine yüklediğin tüm kimlikleri: anne-babanın çocuğu olmaktan, öğretmeninin öğrencisi, şirketin çalışanı, işinin patronu, çocuğunun ebeveyni, başka çocukların büyüğü, aile üyelerinin farklı kimliklerle akrabası olmak, arkadaş, en iyi arkadaş, dost, tanıdık olmak, hasta bir yakınının bakıcısı olmak, bağış organizasyonlarının gönüllüsü olmak ve daha niceleri...

Hayatın içinde bir günde taşıdığımız o kadar çok kimlik ve bu farklı kimliklerin getirdiği o kadar çok sorumluluk, bilinç, beklenti ve aksiyon var ki her birini ancak tek tek saymaya başladığında fark ediyorsun. Yani bu, bir bilgisayara sürekli biçimde bilgi ve görev yükleyip gerekli güncellemeleri yapmamak gibi.

Bir bilgisayar kasası gibi bozulduğunda yenisi ile değiştirebileceğimiz bir bedenimiz yok. Hem bedenimize, hem duygularımıza, hem aklımıza sahip çıkmalı, vücudumuzun bu mucizevi dönüştürücü gücünü hafife almamalıyız. Sadece kendimize verdiğimiz sözleri değil aynı zamanda toplumsal görevleri de üstlenen, yeri gelince makine gibi çalışan ama bir o kadar da duygusal varlıklarız biz.

Sıfır beklenti + Maksimum özen = Anın neşesi olmak!

MAKSİMUM ÖZEN

Birazdan "özen" üzerine bir çalışma yapacağız. Bu çalışmaya geçmeden önce şimdi tek bir şey yapmayı deneyeceğiz birlikte. O kadar doğal bir şey ki bu hiçbir beceri, tecrübe, efor gerektirmiyor. Yanınızda birinin olması, odanın aydınlık-karanlık olması, etrafın gürültülü ya da sessiz olması, bu deneyimden alacağın farkındalığı değiştirmeyecek.

BEN NEŞEYİM, NEŞE OLMAYI SEÇİYORUM, İÇİMDEKİ ÇOCUĞUN NEŞELENMESİNE İZİN VERİYORUM!

Bu *mantra*yı beş dakika boyunca tekrar ederek odanın içerisinde yürüyoruz. İster yavaş ister hızlı yürüyebilir, dans edebilir, ellerini kollarını hareket ettirebilir ya da hoplayıp zıplayabilirsin ama ne olursa olsun sürekli bir hareket hâlinde olacaksın. Sandalyede oturmak ya da yatmak zorunda olduğun durumlarda bile hareket hâlinde olmaya maksimum özeni gösteriyor olduğundan emin ol. (Biz bu çalışmayı Lydia ile ilk yaptığımızda, İstanbul'daki hastanedeydik. Yattığı yerde hareketsiz, sadece gözlerini oynatabiliyordu. Biz de bu mantrayı şarkıya dönüştürüp gözlerimizi dans ettirmiştik.)

Duygular ve düşünceler arasında gezinirken o sırada ne hissettiğin de sürekli bir dönüşüm geçirecek. O yüzden tek bir doğrumuz olamayacağını ve *bugün* ile *yarın* arasında bir esneklik bırakmak gerektiğini hep hatırlamak lazım.

Bu çalışma, sabah güne başlamadan önce ya da uykuya gitmek istediğimiz saatten en az bir saat önce yapılırsa verimli olur. Seçeceğiniz müzik süreklilik ya da her gün değişiklik gösterebilir.

'AN'A DÖNÜŞ

Şimdi seninle hayata belki de hiç bakmadığın bir yerden bakmak üzere bir çalışma yapalım. Yaptığın herhangi bir eylemde aslında ne kadar kendinlesin, ne kadar değilsin?

Aklın başında mı ya da ayakların yere sağlam basıyor mu gibi bir şey değil. Beden bir aksiyon yaparken aklın, zihnin seni bırakıp başka yerlerde koşuşturuyor mu, eğer öyleyse nerelerde geziniyor şeklinde bir çalışma. Öğlen yemeği yiyorsun mesela, sıcak bir çorba, domatesli olsun, içerisinde minik nane ya da baharat parçaları var, hafif pütürlü, biraz tuzlu, yoğun kıvamlı. Çok baskın bir kokusu yok ama güzel kokuyor. Diyelim bu kadar farkında olarak içiyorsun bu çorbayı, hatta çorbayı yapan şefin bu lezzetli tarifine hayran kaldın. Sağlıklı olduğun ve şu an bu çorbayı içerken tat alabildiğin için şükran duydun. Ve hatta bu çorbanın parasını ödeyebilecek olabilmenin minnet duygusu var. Diyelim hepsini yaptın. Beynimiz o kadar hızlı ki ve zihinle olan işbirliğinde o kadar tecrübeli ki şu saydığım tüm farkındalıkları çorbandan sadece iki yudum aldığın süre kadar zamanda yaşayıp tamamlayabilirsin.

Peki, sonra neler düşünüyoruz acaba? Zihnimiz çorba, tat, duyu, duygu, ses, çevre ve benzeri faktörlerin değerlendirmesini yapıp bitirdikten sonra nereye gidiyor? Ya sabahtan veya bir önceki günden aklımızda takılı kalan düşüncelere, sorulara ya da çorbadan sonra yapmayı planladığımız eylemlere, aksiyonlara... Yani biz çorba içiyoruz aslında ama bir yandan da hiç durmadan, ara vermeden zihnimizi meşgul tutuyoruz.

Peki, beynimizin bu sürekli aktif olma hâli; farkında olmadan, aslında oturup dinlendiğimizi, işe, sohbete ya da harekete ara verdiğimizi zannederken neden durup dinlenmiyor? Bunu uyurken bile yapmıyor ki zaten, çorba içerken nasıl yapsın? İşte burada, hani şu son yıllarda giderek daha da popüler olan bir terimi aklımıza düşürelim: 'An'da olmak. Yani şu anda. O an, o sırada çorba içtiğiniz an demek oluyor.

'An'a gelmek de mesele yok; sorun 'an'da kalmakta. Bunu en kolay gerçekleştiren araç, nefes almak. Çünkü nefesimizin farkında olduğumuzda zihnimiz sadece nefesi dinlemeye, nefesin vücudumuzda yarattığı değişiklikleri fark etmeye komut alabiliyor. Şöyle ki gün içerisinde ne kadar sık 'an'a gelirsek, nefesimizi izlersek o kadar iyi dinlenmiş oluyoruz.

Ben çorba içerken diye örnek verdim ama bu bir yere yürürken, sırada beklerken ya da çalışmamıza kısa bir ara verip dinlenirken de olabilir. Kendi kendimize iki aşamalı bir takip yapıyoruz. Nefes alıyoruz ve şu an nefes alıyorum, diyoruz. Nefes veriyoruz ve şu an nefes veriyorum, diyoruz. Bu sırada yaşadığımız farkındalıklar varsa onları da tekrar edebiliriz; çorbanın tadı, tuzu, hissettirdikleri örneğinde olduğu gibi. Ama bunu yaptıktan sonra önemli olan, tekrar 'an'da olmaya devam etmek.

Zihnimiz düşünceler, duygular ve istekler arasında bir ağ örmekte çok başarılıdır. Çorbanın tadından çocukluğumuza, yanındaki ekmeğin durduğu çiçekli tabaktan haftaya doğum günü olan arkadaşımıza alacağımız hediyeye gidebilir aklımız. İşte burada hemen nefesimize odaklanarak *nefes alıyorum, kendimleyim; nefes veriyorum, kendimleyim* diyerek o sırada içinde bulunduğumuz 'an'a geri çağırabiliriz zihnimizi. Bu çok basit gözüken ama gün içerisinde pratik etmeyi çoğunlukla kolayca unutabileceğimiz bir çalışma.

Danışmanlık verdiğim bir kadın girişimci danışanım, tek başına üç çocuk büyüten ve kendi işini kuran bir anneydi ve gün içerisinde tamamladığı bütün sorumluluklarının ardından yatağa yattığında zihnini durdurup uykuya geçebilmek için uyku ilacından, bitkisel damlalara her şeyi denediğini ama uykuya geçse bile sabah çok yorgun uyandığından şikâyetçiydi.

Onunla bir hafta bu çalışmayı yaptık ve uykudan önce *maksimum özen* çalışmasıyla destekledik. Beşinci günden itibaren uykuya geçme süresi on dakikaya düştü ve ikinci haftanın ortasında artık sabahları dinlenmiş kalkıyordu. 'An'a dönüş çalışmasını günde ortalama beş kez tekrar etti. Yani iki dakikadan belki toplamda on dakika meditasyon yapmış oldu, gün içine yayılmış bir şekilde.

Bu kadar yardımın bile zihnimizde yarattığı olumlu etki inanılmaz, değil mi?

KİMLİKLERDEN ARINMA RİTÜELİ

Durabildiğin kadar dik bir postür gerekecek şimdi sana. Oturuyor ya da ayakta duruyor olabilirsin. Eğer yataktan kalkamayacak bir sağlık durumun varsa yattığın yerden kendini olabilecek en güvende hissettiğin, en kendinden emin pozisyona getirebilirsin.

Ayna tam yüzünün karşısında olsun. Mümkün olduğunca yakın, tüm yüzünü, kulaklarını görebilecek şekilde tam aynanın karşısında ve yakınındasın. Çene yukarıda. Güçlü bir gülümsemeyle gözlerinin içine, en derinine bakacaksın. İster istemez bir gözüne doğru odaklanacaktır bakışın. Sonra diğer göze geçmek istersen kendini rahat bırak. İki gözünün içine de aynı anda bakabilmen zaten mümkün değil. Ben bazen sol bazen de sağ gözümün içerisinde daha çok anlam ve güven bulabiliyorum. O sırada sana hangisi daha rahat geliyorsa o gözde kalabilirsin.

İçten bir teşekkürle bakıyorsun önce. Bu yaşına dek yaşadığın her şeye, aklından geçen her düşünceye, temas ettiğin her duyguya ve yaşanmışlığa teşekkürle.

Ve sonra anlayışla bakıyorsun. Yaşadığın tüm hayal kırıklıklarına, üzüntülere, incinmişliklere şefkatle ve anlayışla bakacaksın. Evet, zordu, evet belki hâlen zor. Ama buradasın, hayat devam ediyor. Her şeyin gelip geçtiği gibi bu da gelip geçecek ve sana yeni öğretiler bı rakacak. Kendine yüksek sesle şöyle söyleyeceksin: *Buradayım, hayattayım, güvendeyim. Her şey yolunda! Her şey olması gerektiği gibi. Bazen zor, bazen hüzünlü ama bazen de keyifli ve kolay. Şefkatim her zaman sınırsız. Şefkatim her zaman kucaklayıcı. Her şey yolunda!*

Şimdi daha da dikkatlice bak gözlerinin içine. Ve *seni seviyorum* de. Kendine, içindeki deli dolu yetişkine, yaşam sevinciyle koşturan gence, kahkahalar atan küçük çocuğa. Şimdi cömert ve cesur bir şekilde seni seviyorum de! *SENİ SEVİYORUM.*

Gözlerinin içine bakarak, en derinine bakarak söylemeye devam et. Yüksek sesle ya da fısıldayarak ama defalarca. Tüm kalbinle. En derinden, içindeki çocuğu inandırana dek.

Bu süreç bazen iki dakika bazen on dakika sürebilir. Bu pratiğe devam ettikçe kendimizle olan bağlantımız giderek güçlenir.

Öyle bir nokta gelir ki kendi gözlerimizin içinde o güveni, inancı görürüz. Kendi kendimizi ortada bırakmayacağımız, her şeye rağmen aşkla neşeyle merakla yola devam etme sözü verdiğimiz o güveni hissederiz.

SONSÖZ

Kendimle baş başa kaldığımda yazmayı nasıl da seviyorum. Ama bu kitabı bitirmek hiç kolay değil. Sanki beynimin odacıklarının içinde çiçekler açıyor, parlak bir ışık sızıyor göz bebeklerimden içeri. Yeni insanlar, hayatlar, fikirler, müzikler, danslar kıpırdanıyor. Bu kitapla benim hikâyemden senin muhteşem hikâyene açılan bir kapıdan geçeceğimi biliyorum. İnanılmaz korkuyorum, ne diyeceksin, ne düşüneceksin, bunu bana nasıl ileteceksin? Ve bir o kadar da bu korkunun üzerine gidiyor olmaktan, kitapta çokça bahsettiğim endişeyi ve korkuyu, meraka ve neşeye dönüştürme fırsatını yeniden deneyimliyor olmaktan, çok heyecan duyuyorum. Ve bu şansı bana verdiğin için çok teşekkür ediyorum.

Nasıl da heyecanlanıyorum hayatın muhteşemliğini düşününce. En umutsuz gözüken anlarımız bile aslında içinde ne büyük mucizeler barındırıyor. Dünüme, bugünüme şükrediyorum.

Hayatımda anlık dahi olsa yer almış her enerjiye, herkese.

Ve sana kucak dolusu sevgi ve neşe gönderiyorum. Bu kitabı okuduğun, hayatıma misafir olduğun için şükran doluyum. En kısa zamanda yüz yüze buluşmak, hayatı doyasıya kutlamak ve daha çok insana neşe yaymak üzere.

Şimdilik *hoşça* kal. Neşeyle dolsun tüm seçimlerin. İyi ki varsın!

Selen Yılmaz

KİTAP
KURDU